Kein Anschluss unter dieser Nummer!

Christiane Gérard

Kein Anschluss
unter dieser Nummer!

Hirngeschädigte „erreichen" und verstehen

Hippocampus
Verlag

Christiane Gérard
Kein Anschluss unter dieser Nummer!
Hirngeschädigte „erreichen" und verstehen
Hippocampus Verlag KG, Bad Honnef 2011
ISBN 978-3-936817-74-4

Bibliografische Information der Deutschen Bibliothek
Die Deutsche Bibliothek verzeichnet diese Publikation in der Deutschen Nationalbibliografie, detaillierte
bibliografische Daten sind im Internet über http://dnb.ddb.de abrufbar.

Titelbild: „Die Gedanken sind so frei" (1988) von Cornelius Fränkel
Satz: Regine Becker, Berkheim
Druck: TZ-Verlag & Print, Roßdorf
© 2011 Hippocampus Verlag KG, PF 1368, 53583 Bad Honnef

Danksagung

Ich möchte mich bedanken:
Bei meinen Patienten und ihren Familien, die mich das Wahrnehmen und Verstehen ihrer Welt gelehrt haben.
Bei meinem Lehrer *Bernd Schmid,* der mich lehrte, das Wahrgenommene zu verstehen und zu konzipieren.
Bei meiner Kollegin *Sanja Cipcic-Schmidt* und meinem Kollegen *Dr. Franz Dick,* die mich tatkräftig unterstützten, mein Manuskript zu veröffentlichen.

Christiane Gérard

INHALT

Geleitwort:
Vorbemerkungen zum Thema
Neuropsychologie und Psychotherapie

FRANZ DICK[1]

Sucht man innerhalb der neuropsychologischen Literatur nach Hinweisen zur praktischen Behandlung von Hirngeschädigten, so begegnet man einem eigenartigen Ungleichgewicht zwischen der Darstellung von psychologischen Zustandsbildern nach Hirnläsionen, ihrem anatomischen und physiologischen Substrat, ihrer diagnostischen Erfassung auf der einen Seite und Hinweisen zum „Umgang mit Hirngeschädigten" und „Therapie bei Hirngeschädigten" auf der anderen Seite. Nicht einmal die Literatur zur neuropsychologischen *Therapie* macht hiervon eine Ausnahme. Die Darstellung der Störungsbilder nimmt darin häufig einen größeren Raum ein als praktische Fragen der Therapie. Wenn von Therapie die Rede ist, dann nicht in dem allgemeineren Sinn von „Umgang mit" und „Kommunikation mit" dieser Patientengruppe. Sucht man z. B. Hinweise für den Umgang mit verwirrten Patienten (in der Phase des Durchgangssyndroms oder bei fortgeschrittener demenzieller Erkrankung) wird man eher fündig in der Pflegeliteratur als in der neuropsychologischen Literatur.

Die Frage nach den Ursachen für dieses Ungleichgewicht lässt sich beantworten. Sie liegt in der *Entstehung* des Zweiges Neuropsychologie, in ihren unterschiedlichen Quellen: Da sind zu nennen die Tradition der Neurologie (z. B. Broca, Wernicke, Alzheimer) und der Psychiatrie, insbesondere der deutschsprachigen (Kraepelin, Bleuler). Eine weitere Quelle ist die Tradition der Psychometrie seit dem Ersten Weltkrieg. Diese wurde seit den 70er-Jahren mehr oder weniger eng auf Fragestellungen der Neurorehabilitation angewendet. Von den stürmischen Fortschritten der Neurobiologie in den letzten Jahren profitiert die neuropsychologische *Diagnostik* (z. B. Beziehung zu Bildgebung usw.) mehr als die Therapie.

Zwischen der Entwicklung der Neuropsychologie und der *Psychotherapie* bestand und besteht wohl noch ein großer Graben. Die Psychoanalyse als älteste psychotherapeutische Methode wurde bekanntlich entwickelt von dem *Neurologen* Sigmund Freud, der sich nach bahnbrechenden Ausführungen über Aphasie und Agnosie von der Neurologie abwandte. Er hatte empfohlen zu warten, dass seine Theorie und Therapie eines Tages biologisch-organisch begründet werden würde.

Die anderen Therapieformen wurden in großer Entfernung zur Neuropsychologie entwickelt.

Dieser Graben zwischen Neuropsychologie und Psychotherapie wurde in den letzten Jahren nicht überwunden, aber er ist schmaler geworden. Dazu trugen theore-

---

1 Dr. Franz Dick arbeitet als Klinischer Neuropsychologe und Supervisor in freier Praxis in Frankfurt a. M.

tisch die Publikationen von Deaton, Diller, Ben Yishai und Prigatano bei (vgl. Gauggel und Schoof-Tams, 2000). Anteil daran hatte der Umstand, dass die emotionalen – und nicht nur die kognitiven – Seiten der Folgen von Hirnläsionen seit den Büchern von LeDoux und Damasio mehr in den Blick genommen wurden. *Praktisch* aber trug vor allem die Ausdehnung neuropsychologischer Therapie von den Reha-Kliniken in ambulante Praxisbereiche dazu bei. Wer Patienten über die Reha-Phasen hinaus betreut, bekommt es gleich doppelt mit den vielfältigen „Problemen des Lebens" zu tun. Das neuropsychologische Rüstzeug ist ihm hierbei nur sehr begrenzt von Nutzen.

So erarbeiten sich Psychologen, Pflegekräfte und andere therapeutische Betreuungspersonen in der Praxis häufig eigene Konzepte des „Umgehens mit ihren Patienten". Was aber fehlt, ist ein theoretisches Gesamtkonzept, das Betreuungspersonen in der Entwicklung eigenen Vorgehens und in der Anwendung auf immer neue psychologische Bilder nach Hirnverletzung, insbesondere bei „Verhaltensproblemen", anleiten würde.

Inzwischen sind immerhin in manchen Lehrbüchern Kapitel zur Psychotherapie aufgenommen worden. In der Regel werden einzelne therapeutische Techniken genannt. Es wird vorgeschlagen, sie in angepasster Weise bei neurologischen Patienten anzuwenden. So wird empfohlen „ein stark strukturiertes Vorgehen mit vielen Redundanzen und Wiederholungen" und „auf die Verwendung von schriftlichen Hilfen und auf eine Fokussierung konkreter Gedanken und kurzer Verhaltenssequenzen zu achten" (Gauggel und Schoof-Tams, 2000, S. 682). Gleichwohl ist es so: Diese Methoden wurden außerhalb der Neuropsychologie entwickelt, und die Neupsychologie greift auf sie zurück, die ihr aber gleichwohl „fremd" bleiben. So beschreibt z. B. die Verhaltenstherapie das Verhalten und Erleben der

Patienten, setzt aber voraus, dass die Welt für ihre Patienten im Prinzip die gleiche sei wie die des Therapeuten. Auf die Weise kann sie dann nicht angeben, wie neurologische Patienten kommunikativ zu „erreichen" sind. Gerade an den Beispielen von Patienten mit Bewusstseinsstörungen und Patienten mit schwerem Neglect-Syndrom lässt sich zeigen, dass deren Welt „eine andere" ist: Für gesunde Menschen sind die Wahrnehmungen des verwirrten Patienten chaotisch, inkohärent und unrealistisch, und die Wahrnehmungen des Neglect-Patienten einseitig verzerrt, unvollständig und eben auch unrealistisch. Für die Patienten selbst ist das nicht der Fall, sie haben ein anderes Bezugssystem. Dieser Übersetzungsschritt findet in der Sprache und dem theoretischen Bezugsrahmen der Verhaltenstherapie keine Entsprechung.

Nicht geklärt ist das Verhältnis zwischen neuropsychologischer Therapie und Psychotherapie. Es gab und gibt weiterhin einen Streit unter Neuropsychologen, ob die neuropsychologische Therapie selbst *eine Form der Psychotherapie* sei oder eine Art *Alternative* zur Psychotherapie, begrenzt auf bestimmte Patientengruppen (z. B. Gräser und Cipcic-Schmidt 2005, S. 113). Was sich *Neuropsychotherapie* nennt (Grawe, 2004, Wawelzyk 2005), verfolgt das Programm, die neurobiologischen Korrelate und Folgen von Psychotherapie zu erforschen und sie auf diese Weise neurobiologisch zu begründen. Auf das therapeutische Vorgehen bei neurologischen Patienten und überhaupt auf deren Besonderheiten gehen deren Konzepte nicht ein. Meiner Meinung nach muss sich also die Neuropsychologie erst noch zur Psychotherapie *entwickeln* (Dick, 2005).

Das vorliegende Buch kann hierzu einen Beitrag liefern. Es „ist gedacht für alle jene, die mit hirngeschädigten Menschen arbeiten. Es ersetzt nicht die Kenntnis neuropsychologischer Befunde, sondern versucht diese nutzbar zu machen, sie in praktische Relevanz zu übersetzen oder zu ergänzen. Das Wissen um Basisbegriffe des systemischen Denkens wird vorausgesetzt. Es soll jedoch in seiner Anwendung für Hirngeschädigte so ausführlich dargestellt werden, dass es auch für den ‚systemischen Laien' verständlich wird" (aus einem Brief von Gérard).

Christiane Gérard schlägt vor, dass die Betreuungspersonen sich in die Perspektive des einzelnen Patienten hineinbegeben, aus der sich möglicherweise „eine andere Weltsicht" ergibt. Diese sollte erst einmal ernst genommen werden und nicht vorweg an einer irgendwie gearteten „Objektivität", die ja nur die eine mögliche Sichtweise des Beobachters ist, gemessen werden. Dem liegt die Unterscheidung zwischen der Außenperspektive des Beobachters und der Innenperspektive des Patienten zugrunde. Dessen Wahrnehmung wird aufgefasst als die subjektive Konstruktion des Patienten, seine eigene Wirklichkeit, sowie auch jede Wahrnehmung des Beobachters durch dessen Konstruktion von seiner Wirklichkeit beeinflusst wird.

Die Außenperspektive des beobachtenden Arztes oder Psychologen hat ihr Recht, wenn sie Beobachtungen sammelt, beschreibt und klassifizierend einordnet. Dabei muss auch er sich seiner Perspektive, seiner speziellen Methoden und deren Begrenztheit bewusst sein. Für die kommunizierende Interaktion mit dem Patienten reicht sie nicht. Dafür ist die Auffassung, dass Menschen möglicherweise unterschiedlich denken und erleben, entscheidend. Die Kommunikation muss „ankommen", und das kann sie nur, wenn das innere Bezugssystem des Patienten anerkannt und zugrunde gelegt wird.

Den Ruf nach der Einnahme der „Innenperspektive" des Patienten ist nicht neu. Er wird z. B. von Dick (2005, 2009) und auch von Pawelzyk (2005) formuliert. Neu – zumindest für die Neuropsychologie – ist die Einbettung der Ausführungen in eine andere Therapierichtung, nämlich die systemische Therapie.

Dass systemisches Denken keineswegs auf Psychotherapie begrenzt ist, zeigten schon die Biologen Maturana und Varela in den 80er-Jahren in ihrem „Kultbuch" „Der Baum der Erkenntnis – Die biologischen Wurzeln der menschlichen Erkenntnis". In diesem ist die konstruktivistische Auffassung nicht nur philosophischer Hintergrund, sondern sie wird im *naturwissenschaftlichen Bereich* – und auch im sozialen – ausgeführt und angewendet. Es wird konsequent der Standpunkt eingenommen, dass die Wahrnehmung der Welt in „Konstruktionen" bestehe und dass unterschiedliche Wahrnehmungen und auch unterschiedliche wissenschaftliche Auffassungen erst einmal gleichberechtigt seien.

Diese Gleichberechtigung unterschiedlicher Perspektiven wird häufig als „relativistisch" kritisiert. Angewendet auf den neurowissenschaftlichen Bereich erscheint dieses Nebeneinander erst einmal absurd: Der Wahrnehmung des Wissenschaftlers einerseits und der Wahrnehmung beispielsweise eines „verwirrten" Patienten andererseits wird hier schließlich der gleiche Wirklichkeitsgehalt zugeschrieben. Es sei aber daran erinnert, dass sich die Wissenschaft oft die Zähne ausbeißt mit „objektiven" (z. B. neuroanatomischen, physiologischen) Versuchen der Erklärung bei – scheinbar – befremdlichen Phänomenen.

Der Wissenschaftler kann mit der Unvollständigkeit seiner Erklärungen, deren uneinheitlicher empirischer Bestätigung, leben. Sie ist ihm Ansporn zu weiterer Forschung. Die „klinischen Praktiker" (Pflegepersonen, Ärzte usw.) sind in anderer Weise gefordert. Sie müssen sich verhalten, müssen mit den Patienten und ihren „falschen" Wahrnehmungen, ihren chaotisch-widerspruchsvollen Gedanken und Handlungsimpulsen umgehen. In der Praxis werden sie sich mehr oder weniger spontan auf den einzelnen Patienten – wissenschaftliche Zuschreibung oder Erklärung hin oder her – einstellen und ihn „verstehen" wollen.

In dem Text wird herausgearbeitet, dass diese Absicht und dieses Vorgehen in der Praxis nicht unwissenschaftlich-unprofessionell bleiben müssen. Es wird nicht nur an vielen lebendigen Beispielen das Nützliche daran ausgeführt, sondern es wird ein systematischer Rahmen, eine Art Metatheorie, dafür vorgegeben. Auf diese Weise wird das Professionelle neu definiert, das Professionelle allgemein des kommunikativen Umgangs und im Speziellen der Therapie, die sich neuropsychologisch oder in einem engeren Sinn psychotherapeutisch versteht.

1
Einleitung: Warum dieses Buch?

Als Neuropsychologin, die lange Zeit in einer Klinik für Kinder und Jugendliche mit erworbenen Hirnschädigungen gearbeitet hat, habe ich mich auf den Wogen der jungen Neurowissenschaft emportragen lassen und von dem wachsenden neuropsychologischen Wissen enorm profitieren können.

Auf der anderen Seite aber fehlte mir oft auch weiterhin eine Art Leitfaden oder ein in sich stimmiges Gerüst von Ideen, wie ich mit den Patienten, ihren Familien und ihrem Schicksal umgehen und welche Hilfestellungen ich ihnen und dem Personal, das täglich mit den Patienten im Kontakt war, anbieten sollte.

Die Testung ihrer aktuellen Fähigkeiten war das eine. Auch hier gab es großen Nachholbedarf; so wurde zunächst auf die Entwicklung von Testmaterial, das speziell für diese Klientel geeignet war, viel Wert gelegt – und das war auch gut so.

Wie damals (ca. 1980) üblich, waren bis dahin die meisten Tests an Populationen normiert, die keine Hirnschädigung erlitten hatten, an Menschen also, die sich normal bewegen, potenziell rasch reagieren, wie wir anderen wahrnehmen, denken, erleben, fühlen, rechnen, sich etwas merken, sich konzentrieren konnten, die also „Normalität" mit all ihrer Schwankungsbreite einer Normalverteilung zeigten. Was wir brauchten, waren Tests für Menschen mit Einschränkungen der Bewegungsfähigkeit (z. B. motorikfreie

Tests), mit Einschränkungen des Arbeitstempos (z. B. zeitunabhängige Verfahren), wir brauchten Tests zur Erfassung der besonderen und der typischen Ausfälle nach einer Hirnschädigung bzw. Erkrankung wie der Merkfähigkeit, der Konzentration, der Belastbarkeit, der selektiven und geteilten Aufmerksamkeit usw.

Auch wenn es jetzt bei manchen Verfahren z. T. fairere Vergleichsgruppen gab, so wurden die Ergebnisse der Hirngeschädigten dann doch mit denen der „Normalen" verglichen. Dies war in Ordnung, solange es um die Frage der weiteren schulischen und beruflichen Entwicklung ging. Wir konnten so bessere Vorhersagen machen und adäquatere kognitive Leistungsanforderungen an die Patienten stellen.

Doch so hilfreich die rasche Entwicklung im diagnostischen Bereich der Neuropsychologie war, so schien doch in manchen Bereichen die „Blackbox" zwischen den Erkenntnissen hirnphysiologischer Prozesse und ihrer „Übersetzung" in Verhalten nicht wirklich kleiner zu werden. Dies betraf vor allem komplexere Situationen, wenn z. B. Trainingsmaßnahmen aus der Therapie in den Alltag umgesetzt werden sollten.

So hielt sich lange (und hält sich noch) die Mär, die Merkfähigkeit sei vergleichbar mit einem Muskel, man müsse nur üben und trainieren, dann ginge es besser. In einer solchen verzweifelten Situation wie der eines Menschen, dessen Fähigkeit, z. B. sich etwas zu merken, plötzlich durch eine

Hirnschädigung beeinträchtigt wurde, greift man gerne zu einem Strohhalm – und zwar sowohl der Patient als auch die Therapeuten, die ja qua Beruf Verbesserungen herbeiführen sollen. Es wurden also (und werden m. E. immer noch) Gedächtnistrainingstunden empfohlen und mithilfe der neuen Computerprogramme durchgeführt. Freudig wurden Steigerungen in den Tests gemessen, die jedoch im Alltag (nach einer gewissen Zeit der Spontanremission) nicht zu erkennen waren, d. h. nicht von der Therapie auf den Alltag übertragen worden waren.

Das Führen von Gedächtnistagebüchern, häufig empfohlen, scheiterte oft daran, dass eben dieselben vergessen wurden. Das Gleiche galt für die Trainingsgruppen: die Patienten vergaßen ihre Termine.

Andere Patienten, die z. B. Orientierungsprobleme hatten, lernten mit der Zeit, sich in der Klinik zurechtzufinden. Aber sie lernten nicht das Know-how, was sie denn in neuer Umgebung tun sollten, um sich zu orientieren. Man ging einfach davon aus, dass die bessere Orientierung in der Klinik Ausdruck einer insgesamt verbesserten Fähigkeit sei (s. Muskel). Denn dies entsprach und entspricht unserer Vorstellung vom „normalen" Lernen.

Wir alle, vorneweg die Angehörigen, gingen von unserer Art des Denkens und Erlebens aus und wunderten uns, wenn unsere so erdachten Maßnahmen bei dieser Klientel nicht funktionierten. So manchem Patienten wurde auf diese Weise auch fälschlicherweise mangelnder Wille oder Faulheit unterstellt:

- „Ich habe dich doch vorhin noch daran erinnert!" (bei Merkfähigkeitsstörung)
- „Ich habe dir das verboten, das weißt du, warum tust du es dann trotzdem?" (bei Persönlichkeitsänderung durch Frontalhirnschädigung)
- „Der Weg zu meinem Zimmer ist doch ganz einfach zu finden!" (bei Wahrnehmungsgestörten)

- „Schau doch hier auf das Bild, dann kannst du das doch ganz einfach nachbauen!" (bei konstruktiver Apraxie)
- „Ich habe es dir doch erklärt." (bei aphasischen Patienten)
- „Beeil dich doch!" (bei verlangsamten Patienten)
- „Tu doch endlich mal etwas!" (bei Antriebsgestörten)

Anders als die Teststunden oder die Einzeltherapie im geschützten Raum der Klinik war der Alltag meistens komplexer und oft noch „störanfälliger". Die Enttäuschung über mangelnde Fortschritte oder Generalisierungen von Einzelerfolgen auf das „Normalleben" war oft auf beiden Seiten groß und konnte – wenn man die Eigenart einer Hirnschädigung nicht berücksichtigte – zur chronischen Verweigerungshaltung oder Depression auf Seiten des Patienten und zu Burn-out-Reaktionen auf Seiten des Personals führen.

Auch ich erlebte im ersten Jahr meiner Tätigkeit in der Klinik diese Verzweiflung und Frustration. Und dieses war – im Nachhinein gesehen – gut so. Denn meine Reaktionen spiegelten ein typisches Muster wider, das sowohl Betroffene als auch Angehörige sowie professionelle Helfer wie Ärzte und Ärztinnen, Pfleger und Pflegerinnen, Physio- und Ergotherapeuten und Ergotherapeutinnen, Logopäden und Logopädinnen, Kliniklehrer und Kliniklehrerinnen, Psychologen und Psychologinnen, Erzieher und Erzieherinnen usw. im Umgang mit Schädelhirnverletzten bzw. -erkrankten erleben: Wir alle werden auf unsere Grenzen gestoßen, auf die Grenzen von Heilung, auf die Grenzen von Therapien und Methoden und die Grenzen unserer eigenen Fähigkeit, und wir alle müssen lernen, mit dieser Erfahrung (gut) zu leben (s. Kap. 5 „Umgang mit Grenzsituationen"). So auch ich.

Aus diesem Gefühl der Sackgasse heraus, nichts für mich Befriedigendes mit meinen bisherigen Möglichkeiten und Fertigkeiten erreichen zu können, suchte ich nach einem neuen Weg. Da ich mit herkömmlichen Mitteln nicht weiterkam – ich war damals schon zertifizierte Verhaltenstherapeutin – kostete es mich auch ein wenig Mut, Neuland zu betreten und vertrautes Gelände zu verlassen. Auch dieser Prozess spiegelt etwas von der Entwicklung eines Hirngeschädigten auf dem langen schmerzlichen Weg zu einer neuen Identität wider (s. Kap. 6 – Fallgeschichte Katrins).

Ich fand schließlich meinen Aus-Weg in meiner Ausbildung zur Transaktionsanalytikerin und dabei speziell in der Schulung zum systemischen Denken, das das Markenzeichen meines Lehrers B. Schmid war und ist. Diese systemische Sichtweise einer Hirnschädigung habe ich im Laufe meiner 25-jährigen Tätigkeit in meiner Klinik erfolgreich anwenden, entwickeln und weitergeben können[2]. Sie hat mir erst wirklich den Weg in eine andere Welt – nämlich die der Hirngeschädigten – geöffnet.

Ich befinde mich mit dieser Art zu denken und wahrzunehmen in bester neuropsychologischer Gesellschaft. So hat mich einerseits das Verständnis der neuropsychologischen Wissenschaft von Alexander Lurija (1991), einem der Väter der Hirnforschung, sehr bestätigt, der schreibt:

„Der klassische Wissenschaftler zerlegt Ereignisse in ihre Bestandteile. Schritt für Schritt nimmt er sich wesentliche Einheiten und Elemente vor, bis er schließlich allgemeine Gesetze formulieren kann. Diese Methode führt unter anderem dazu, dass die lebendige Wirklichkeit in ihrer reichen Vielfalt auf abstrakte Schemata reduziert wird. Die Eigenarten des lebendigen Ganzen gehen verloren (...). Der romantische Wissenschaftler (Anm. der Verfasserin: gemeint ist Einbeziehung der Lebensgeschichte und besonderen Eigenarten des Patienten) *lässt sich von genau entgegengesetzten Interessen, Einstellungen und Vorgehensweisen leiten. (...) Wichtigste Aufgabe sehen sie* (gemeint sind die Romantiker in der Wissenschaft – Anm. der Verfasserin) *(darin), den Reichtum der Lebenswelt zu bewahren, und sie erstreben eine Wissenschaft, die sich dieses Reichtums annimmt"* (Lurija 1991, S. 9f).

Zum anderen bin und war ich eine begeisterte Leserin der Fallgeschichten von Oliver Sacks (z. B. „Der Mann, der seine Frau mit seinem Hut verwechselte"), die mich ermutigt haben, auch unkonventionelle Wege einzuschlagen. Die Suche nach neuen Wegen für jeden Einzelfall fordert Kreativität. Die Freude an einem solchen kreativen Schöpfungsakt und am Gelingen solcher Lösungen orientiert sich an Möglichkeiten, Spiel- und Bewegungsräume statt Defizite und Grenzen zu betonen. Hierzu möchte ich Sie, die Leserin und den Leser einladen.

---

2   s. Gérard 1987, 1992, 1993, 1996

2
Die Welt der Hirngeschädigten

Einer meiner wenigen Patienten, die sich nach einer schweren Gehirnverletzung an die Zeit des Erwachens aus dem Koma erinnerte und sowohl kognitiv als auch sprachlich in der Lage war, mir dieses zu beschreiben, erzählte: „Es war alles ganz anders, als wir es kennen. Alles war irgendwie so gedämpft. Wenn ich jetzt so mit der Hand auf den Tisch schlage, dann gibt es einen klaren Knall. Aber als ich am Aufwachen war, da war ein solches Geräusch eher diffus, so gedämpft, so unscharf ... es gibt bei uns keine Wörter dafür."

Wie kann man dann die Wirklichkeit von Hirngeschädigten erfassen oder gar beschreiben? Natürlich kann auch ich nicht sagen, was unsere Patienten „wirklich" erlebten, dachten und spürten. Jedoch gibt es einige wichtige Hinweise, Prinzipien oder Wege, mithilfe derer man sich dieser anderen Welt annähern kann. Der erste und wesentliche Punkt, den man sich im Umgang mit Menschen, die eine Hirnschädigung erworben haben, vergegenwärtigen muss, ist der:

Wir selbst konstruieren uns unsere Welt und haben uns in vielen Belangen auf eine gemeinsame Sicht geeinigt. Was aber geschieht, wenn genau das Instrument, mit dem wir die Welt erfassen und verarbeiten, geschädigt ist, wenn die Bordinstrumente nicht mehr zuverlässig messen – und wir das zusätzlich gar nicht mitbekommen?

Nehmen wir das Beispiel eines Menschen mit einem Neglect-Syndrom. F. Dick (2009, S. 62ff) schreibt dazu: „In der Frühphase nach der Erkrankung ist ein Patient mit einem schweren oder schwersten Neglect-Syndrom weit davon entfernt, ein Störungsbewusstsein zu haben. Er ist in seiner Körperhaltung und dann vielleicht noch mal in der Kopfhaltung im Bett oder im Rollstuhl ganz zu einer Seite gewendet. Er nimmt die Welt sehr unvollständig wahr, aber die von ihm wahrgenommene Welt ist für ihn vollständig. Zum Beispiel ist in dieser Phase manchmal eine Gesichtsfeldprüfung noch gar nicht zu machen, der Patient versteht die Aufgabenstellung nicht beziehungsweise er glaubt sie zu verstehen und umzusetzen, indem er in seiner Blickwendung und seiner Aufmerksamkeit ganz auf der ipsilateralen Seite bleibt. Wenn die wahrgenommene Welt für ihn die vollständige ist (das ist ja das Problem!), so kann man nicht erwarten, dass er selbst das Defizit an sich wahrnimmt. Für ihn ist die Welt – mehr oder weniger – in Ordnung. Unter seinem Defizit braucht er nicht zu leiden, da die Wahrnehmung selbst verzerrt ist und er die verzerrte Wahrnehmung nicht spürt, nicht spüren kann."

Hirnverletzte Menschen können (zumindest in der ersten Zeit nach dem verletzenden Ereignis) die Welt nicht so wahrnehmen und verarbeiten wie wir. Jeder Brillenträger weiß aus leidvoller eigener

Erfahrung, wie plötzlich sein Bild verzerrt ist, wenn wir entweder die falsche Brille aufsetzen oder gar die Gläser selbst beschädigt sind. Oder um eine andere (Selbst-)Erfahrung zur Verdeutlichung der Wirklichkeitskonstruktion heranzuziehen: Viele unserer Patienten erleben sehr störende Doppelbilder. Diese kann man – als Nichtbetroffener zu Zwecken der Selbsterfahrung – ganz einfach hervorrufen, indem man leicht gegen das untere Lid eines Auges drückt und damit seinen Fokus verstellt. Man kann erleben, wie anstrengend es ist, die Welt klar und konzentriert zu erfassen.

Wir Mitarbeiter und Mitarbeiterinnen haben aus diesen Überlegungen heraus viel mit Selbsterfahrung gearbeitet, um eine Vorstellung des Erlebens unserer Patienten zu gewinnen. Wenn wir so arbeiten, heißt das nicht, dass wir die dort gesammelten Erfahrungen eins zu eins auf unsere Patienten übertragen können. Doch sind es bildhafte und gefühlte Vorstellungen von den Zuständen, wie sie bestehen könnten.

Etwas, was es nicht gibt bzw. was wir nicht kennen, kann man am besten durch eine Metapher beschreiben. Dieses Mittel werde ich darum auch öfter in diesem Buch nutzen. Auch Selbsterfahrung bzw. die daraus abgeleiteten Bilder sind für mich so etwas wie gefühlte Metaphern.

Wir können zum Beispiel wenig direkt von den Patienten erfahren, wie sie ihr tiefes Koma erleben. Selbsterfahrungsübungen, in denen Gesunde von Außenreizen abgeschirmt werden und in ihren Bewegungen künstlich eingeschränkt werden, erzeugen neue Erfahrungen, zu denen wir – gerade in unserer eher reizüberfluteten Zeit – kaum noch Zugang haben. Mitarbeiter fühlen dann, wie unangenehm sie plötzlich von nicht angekündigten Geräuschen, Berührungen und Ähnlichem mehr überflutet werden, wie sie erschrecken, wie sich ihr Herzschlag erhöht. Sie nehmen ihre inneren Reaktionen mehr wahr als sonst. Sie spüren, wie angenehm es für sie ist, beim Liegen Begrenzungen (z. B. durch Lagerungskissen) zu fühlen. Sie spüren, wie verwirrend es ist, an verschiedenen Stellen gleichzeitig berührt zu werden, oder wenn mehrere Stimmen gleichzeitig über dem Körper „sich bewegen". Sie erleben umgekehrt, was guttut und Orientierung gibt, wie klare, eindeutige einfache Reize.

Zurück von diesen Selbsterfahrungssitzungen verändert sich unser eigener innerer Sucher, stellt sich weiter, nimmt andere Signale des komatösen Patienten auf. Er bekommt auf diese Weise eher Feedback, ob das, was er tut, auch für den einzelnen Patienten stimmt und passt. Denn auch hier gibt es Unterschiede: Manche Patienten reagieren auf eher übertrieben laute feste Ansprache, manche erschrecken darüber und brauchen eher einen leiseren Zugang.

Der zweite wichtige Punkt, um Anschluss an die Wirklichkeit von Hirngeschädigten zu bekommen, ist daher, unsere Sensibilität für andere Signale zu erhöhen; andere als die gewohnten und erwarteten; andere Signale, die feiner sind als die, die wir sonst beachten. Es ist, als ob wir eine neue Sprache lernen müssten.

Wenn wir auf diese Weise unsere Aufmerksamkeit und unsere Wahrnehmung für Neues öffnen und auf unser Gewohnheitsdenken verzichten, geht es drittens darum, neuen Sinn im scheinbar unsinnigen Verhalten zu entdecken. Ich möchte dies zunächst einmal an Beispielen beschreiben:

Manche unserer jugendlichen Patienten, die langsam aus dem Koma zu erwachten und nach unserem Gefühl auch wieder mehr ihre Umwelt wahrzunehmen schienen, reagierten manchmal auf Aufforderungen von Pflege oder Therapeuten, die Augen zu öffnen und mitzuarbeiten, mit deutlichem Augenschließen oder – wenn das möglich war – mit abruptem Wegdrehen oder aggressiver Abwehr. Es handelte sich um die Zeit des schwierigen Durchgangssyndroms[3].

Die Frage ist, wie oder mit welcher dahinter vermuteten Geschichte macht dieses Verhalten Sinn? Wenn man später Patienten befragen kann – es können sich nur sehr wenige an diese Zeit erinnern und darüber berichten – dann wird Folgendes klar:

Die Patienten erwachen meistens nicht plötzlich, so wie es leider immer wieder fälschlicherweise in TV- oder Kinofilmen dargestellt wird, sondern es scheint ein Prozess zu sein, in dem ab und zu Aspekte der Wirklichkeit ins Bewusstsein dringen, Einzelheiten, manchmal verzerrt, ohne Zusammenhang und dadurch oft auch ohne Sinn.

So erzählte ein Patient, er sei ein Walfisch in einem Aquarium gewesen und um ihn herum seien andere grüne Walfische geschwommen. Im Nachhinein meinte er, es habe sich um das Blubbern eines Gerätes und die grüne Kleidung des Personals auf der Intensivstation gehandelt.

Der Patient nimmt also Einzelheiten wahr, dämmert wieder weg wie im Schlaf oder im Traum. Angenommen, er hört den Therapeuten, der ihn auffordert, etwas zu tun, so wirkt dies in seinem verwundeten Kopf verrückt: Alles um ihn herum ist unbekannt, auch sein Körper fühlt sich vielleicht fremd an, alles macht keinen Sinn. Seine „Schlussfolgerung": „Ich träume einen Alptraum. Deshalb drehe ich mich um, kneife die Augen zusammen und schlafe weiter. Wenn ich dann aufwache, ist dieser Alptraum vorbei." Vermutlich wird der Patient dies nicht in der Klarheit denken, wie ich das jetzt schreibe. Aber etwas in ihm sucht Sinn und versucht das Erlebte „stimmig" zu machen. Er macht sich „seinen Reim" auf die zersplitterte Wahrnehmung der Situation, von der er nur einzelne Aspekte isoliert deuten kann.

Damit sind wir beim vierten Punkt: Es scheint in uns etwas angelegt zu sein, das nach Stimmigkeit sucht. Man kennt dieses Bedürfnis aus einigen Konzepten der Psychologie. Es versteckt sich zum Beispiel in dem Konzept der geschlossenen Gestalt aus der Wahrnehmungspsychologie, indem aus einer nicht vollständig gezeichneten Figur innerlich eine Ganzheit hergestellt wird. Oder man kennt dieses Bedürfnis nach Herstellung von Stimmigkeit aus dem Konzept der kognitiven Dissonanz, die unerträglich ist und in Konsonanz aufgelöst werden will.

Grawe (2004, S. 311f), der sich in seinem Buch „Neuropsychotherapie" unter anderem ebenfalls für ein neues Verständnis des Zusammenhangs von Verhalten und Hirntätigkeit engagiert, spricht in diesem Zusammenhang von Konsistenz und schreibt darüber:

„Wenn Inkonsistenz einer optimalen Auseinandersetzung mit der Umgebung so abträglich ist, wie es in den berichteten Ergebnissen und Konzepten zum Ausdruck kommt, sollte man annehmen, dass in der phylogenetischen Entwicklung des menschlichen Nervensystems Strukturen herausgebildet und selegiert wurden, die für Konsistenz der psychischen Abläufe sorgen. (...) Bei immer höherer Differenziertheit und Komplexität müssten Strukturen herausgebildet werden, die nicht nur einzelne Funktionen (...) betreffen, sondern die die Vereinbarkeit und Koordination der inzwischen möglich gewordenen neuronalen/psychischen Abläufe betreffen. Diese Notwendigkeit hat auf allen Stufen der Entwicklung bestanden. Wir müssen daher davon ausgehen, dass das Kriterium der Abstimmung, Vereinbarkeit und Koordination mit dem bereits Vorhandenen bei allen Entwicklungsschritten Pate gestanden hat, und unser Nervensystem so, wie es ist, u. a. auch das Ergebnis einer konsistenzsichernden Selektion ist."

---

3 s. Gérard et al. 1996, S. 66ff

Ich gehe also von der Annahme aus, dass ein Hirngeschädigter – besonders in der Erholungsphase – eben diese Konsistenz (wieder-)herzustellen versucht und dass ihm dieser Versuch manchmal aufgrund der eingeschränkten Information oder der Verzerrung von Information, die er bekommt, nicht gelingt – im Sinne einer sinnvollen Realitätsbewältigung und -anpassung. Diese Annahme kann die für uns oft merkwürdigen Äußerungen mancher Patienten, die sie verwirrt erscheinen lassen, erklären, obwohl ein – nach dem Erwachen erster – „logischer" Denkakt dahinter steht. Versteht man auf diese Weise die Sprache der Patienten und versteht „ihren" Sinn, kann man besser auf sie eingehen und sie dort abholen, wo sie stehen.

Was folgt daraus? Im Fall der Patienten z. B., die sich auf Ansprache hin immer wieder „schlafend" stellen, sollte man z. B. Angehörige bitten, den Patienten immer wieder vorsichtig mitzuteilen, dass sie einen Unfall gehabt hätten und im Krankenhaus lägen und es wichtig sei, dass sie aufwachten und mitmachten, um wieder aus dem Krankenhaus herauszukommen usw. Wichtig ist auch, dass man die Angehörigen darum bittet, denn jede andere für den Patienten fremde Person kann in seinem Bezugssystem rasch wieder zu einer unwirklichen „Traumfigur" verwandelt werden.

Ein anderer Patient im Durchgangssyndrom wollte immer wieder „aussteigen". Befragungen ergaben, er meine im Zug zu liegen. Hier waren es nicht Ähnlichkeiten mit der Umgebung, die Stimmigkeit erzeugten, sondern ganz offensichtlich seine Vorstellung, er sei auf einer Reise. Ihm dauerte die Fahrt zu lange, er hatte Heimweh bzw. Sehnsucht nach Vertrautem und wollte nach Hause. Auch hier ist es wichtig, das Gefühl des Patienten, das Heimweh und das Leiden unter dem Gefühl des Fremden aufzunehmen und es in den neuen „richtigen" (im Sinne von für die Realitätsanpassung hilfreicheren) Kontext (Krankenhaus/Unfall) zu stellen. Ich werde im Laufe dieses Buches noch von vielen weiteren solcher Beispiele berichten.

3
Die Suche nach der neuen Stimmigkeit

DIE SYSTEMISCHE SICHT EINER HIRNSCHÄDIGUNG (THEORIE)

Nun aber wird es Zeit, dem bisher Gesagten einen theoretischen Rahmen zu geben. Mir geht es ja hier darum, den professionellen Helfern, die mit hirnorganisch erkrankten bzw. verletzten Patienten arbeiten, einen Handwerkskoffer mitzugeben, aus dem sie sich selbst bedienen können und dessen Instrumente sie flexibel, variabel und je nach Bedarf einsetzen können.

Hierfür eignet sich meines Erachtens die systemische Sichtweise einer Hirnschädigung hervorragend: Auch wenn die systemische Theorie nicht in Ursache-Wirkungs-Kausalitäten denkt, so bleibt natürlich auch bei dieser Sichtweise der Unfall, der Tumor, die Krankheit usw. der Auslöser – und in dem Sinne die Ursache – der gesamten Veränderungen für einen hirnorganisch erkrankten Menschen und seine Umgebung.

Es ist wie bei einem Mobile: Alles hängt miteinander zusammen und kann sich gegenseitig beeinflussen – ein Grundgedanke der systemischen Therapie. Angenommen, ein heftiger Windstoß (das hirnverletzende Ereignis) wirbelt das Mobile durcheinander. Manches ist nun verknotet oder hängt schief. Der Unterschied zur konventionellen medizinischen Sichtweise besteht darin, dass ich mir nun das ganze Mobile und die Folgen dieser Ver-

änderungen auf verschiedenen gleichwertigen Ebenen anschaue und sie als Ausdruck desselben Prozesses bzw. Musters (Windstoß) betrachte.

So ist z. B. das veränderte EEG ein Ausdruck der Hirnschädigung auf elektrophysiologischer Ebene, so wie sich z. B. der epileptische Anfall als motorische Entäußerung auf der Verhaltensebene darstellt.[4]

Wie bei meinem in Unordnung geratenen Mobile schaue ich, wo ich nun, je nachdem, was mich medizinisch, neuropsychologisch, therapeutisch, pädagogisch oder rehabilitativ interessiert, am besten ansetze, und ich bin mir bewusst, dass mein Einsatz an einer Stelle des Mobiles Auswirkungen auf andere Teile des Mobiles haben wird. Natürlich wäre es sinnvoll, dort anzufangen, wo ich am effektivsten gewünschte Veränderungen an verschiedenen Stellen erreiche.

Was also geschieht nun bei einer Hirnschädigung? Nehmen wir wie Klaus Grawe an, dass sich Gesundheit als Konsistenz der Prozesse auf allen Ebenen ausdrückt und zeigt: motorisch, seelisch, geistig, physiologisch, psychologisch... Das heißt, ich fühle mich stimmig mit mir, meinem Körper, meinem Denken; EEG und EKG, Blutwerte usw. zeigen normale Prozesse. Angenommen, nun geschieht

---

4 Wobei nicht jede Veränderung auf hirnorganisch-physiologischer Ebene seinen Ausdruck im Verhalten finden muss und umgekehrt.

ein Unfall mit Schädelhirnverletzung oder ein Schlaganfall:

„Plötzlich bricht das bis dahin bestehende Gleichgewicht und die innere Ordnung im Menschen zusammen: Was bisher zusammenpasste und stimmte, gerät in Unordnung, stimmt nicht mehr, passt nicht mehr zusammen, ist desorganisiert" (Gérard 1996, S. 55). Diesen Prozess der Störung kann man auf jeder Ebene beobachten, und überall spiegelt er den gleichen Vorgang. Ein bisher gut funktionierendes Zusammenspiel wird gestört und gerät in Unordnung.

■ Im Gehirn:

„Elektrische Impulse werden nicht oder verlangsamt oder unkontrolliert weitergeleitet. Die biochemischen Verhältnisse ändern sich. (...) Das Zusammenspiel elektrophysiologischer und biochemischer Prozesse ist aus dem Gleichgewicht geraten" (Gérard 1996, ebenda).

■ Auf körperlicher Ebene:

Die Koordination von Bewegungen ist gestört, das Zusammenspiel der Muskeln, von Anspannung und Entspannung gelingt nicht mehr flüssig.

■ Innerhalb der Persönlichkeit:

Der Patient fühlt sich mit sich selbst fremd, kennt sich nicht mehr. Das alte Selbstbild passt nicht zur veränderten Person: Dem Perfektionisten unterlaufen z. B. nun ständig Fehler, der „Macho" ist plötzlich pflegeabhängig. Das Erleben und Denken, das Fühlen und das Verhalten wirken unstimmig.

■ In Beziehungen:

Beziehungsverhalten und -gestaltung wirken unstimmig und irritierend. Jugendliche oder auch Erwachsene verhalten sich wie kleine Kinder. Sie starren das Gegenüber unverwandt an oder begrüßen Fremde wie die besten Freunde. „‚Irgendetwas stimmt nicht!' ist ein häufiges

Gefühl in der Begegnung mit Hirnverletzten" (Gérard et al. 1996, ebenda). Es fehlt z. B. oft die unwillkürliche Synchronisation von Körperhaltung und Blickkontakt. Oder: Erwachsene, die zu Kindern werden, die Hilfe zur Selbstständigkeit brauchen, ändern das bisherige familiäre Rollengefüge. Freundschaften, Ehen und Familien geraten aus dem Gleichgewicht und können zerbrechen.

■ Bezugsrahmen:

Auch der eigene Bezugsrahmen, mit dem man sich mehr oder weniger unbewusst sein „Weltbild" organisiert, gerät durcheinander. Alte Überzeugungen, Werte und Glaubenssätze stimmen nicht mehr mit der Wirklichkeit überein, so z. B. der Satz „Wenn ich nur will, kann ich!" oder „Je mehr ich übe, desto schneller werde ich gesund!" (Gérard 1996, ebenda). Auch die Vorstellung von Heilung und Krankenhaus als Reparaturgarant muss meistens revidiert werden (s. Umgang mit Grenzen).

■ Verhältnis zur Umwelt:

Der Kranke wird aus seiner gewohnten Umgebung herausgerissen. Aber auch später kommt es oft zu einem Ungleichgewicht zwischen den Anforderungen der (normalen) Umwelt und den neuen veränderten Bedingungen im Patienten. So brauchen z. B. viele später mehr Zeit, um mehr leisten zu können und als ihnen gewährt wird. Auch hier erleben wir also die Störung eines bisher bestehenden Gleichgewichtes.

■ Symptome nach einer Hirnschädigung:

Diese werden hier als nicht gelungener Versuch gesehen, eine neue Stimmigkeit bzw. ein neues Gleichgewicht herzustellen. Diese unstimmigen Lösungsversuche können auf jeder Betrachtungsebene (organisch, psychisch, im Verhalten, in Beziehungen usw.) beobachtet werden.

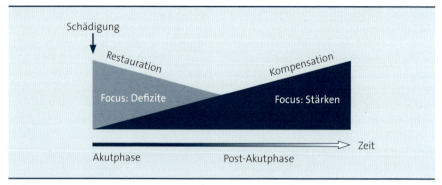

Abb. 3.1: Restauration und Kompensation (nach Gauggel, 1977)

■ „Besserung" nach einer Hirnschädigung:
Sie spiegelt den eher erfolgreichen Versuch eines Menschen wider, ein neues Gleichgewicht innerhalb des eigenen Systems als auch zwischen der veränderten inneren Welt und seiner äußeren Umgebung herzustellen. Sie gelingt am Anfang – wenn der Patient das Glück hat – als ein Teil der Spontanremission, d. h. ein Zurückfinden in alte Gleichgewichtsverhältnisse, und zum Teil als Folge der Korrektur durch die Umgebung. Dies gelingt vor allem in der ersten Zeit nach dem schädigenden Ereignis (Abb. 3.1).

■ Restsymptome
Ein typisches Merkmal einer schweren Hirnschädigung ist die Begrenzung der Regenerationsfähigkeit des Gehirns und damit die Begrenzung der Anpassungsfähigkeit des Menschen an seine veränderte Lebenssituation. Bleibende Restsymptome sind damit Ausdruck der mangelnden Anpassungsfähigkeit auf Seiten des Patienten bzw. der mangelnden Anpassungsbereitschaft auf Seiten der Umwelt: Würde die Umwelt auf die veränderten Möglichkeiten des so betroffenen Patienten eingehen, ihm zum Beispiel bei der Erledigung von Tätigkeiten mehr Zeit einräumen, ihm Hilfen zur Seite stellen usw., so ließe sich in manchen Fällen doch eine auf die Bedürfnisse und Fähigkeiten des Patienten bezogene gleichgewichtigere Situation herstellen.
Davon habe ich früher oft während meiner Arbeit in der Klinik geträumt, wenn ich

Neuropsychologische Störungen	Anforderungen der heutigen Arbeitswelt
■ Eingeschränkte Aufmerksamkeit, Konzentration ■ Tempo ■ Gedächtnis ■ Sprache, Kommunikation ■ Eingeschränkte Konstruktive Leistungen ■ Rigidität ■ Selbstbewusstsein ■ Kontrollfähigkeit ■ Mangelnde Belastbarkeit/Ausdauer	■ Aufmerksamkeit, Konzentration ■ Geschwindigkeit ■ Lebenslanges Lernen ■ Kommunikation ■ Planung, Struktur, konstruktive Leistungen ■ Flexibilität ■ Sich präsentieren, „cool" und „fit" sein ■ Kontrolle ■ Überstunden, Belastbarkeit

Tab. 3.1: Zwei Welten

jungen, durchaus intelligenten Patienten keine Hoffnung auf einen ihm gemäßen Arbeitsplatz machen konnte, da die „normalen" Voraussetzungen (s. Tab. 3.1) dafür fehlten.

In den meisten schwereren Fällen nach einer Hirnschädigung wird daher das Herstellen eines neuen Gleichgewichts davon abhängig sein, wie sehr es dem Patienten und seiner Umwelt wie Eltern, Schule, Beruf gelingt, die realen Möglichkeiten des Patienten zu erkennen und ihm adäquate Hilfestellungen zur Verfügung zu stellen. Diese Verständigung jedoch setzt voraus, dass die dem Hirnverletzten eigene Art, die Welt wahrzunehmen, ihr Sinn zu geben und ein neues Gleichgewicht herzustellen, angemessen erfasst wurde.

Ich habe ja schon von der Verwirrung vieler Patienten in der „Aufwachphase" berichtet. Im ersten Fallbeispiel möchte ich zeigen, wie sich der Patient bemüht, Sinn herzustellen, wie diese Lösungsversuche für uns „unsinnig" wirken und wie sehr es dem Patienten nützt, wenn wir ihm helfen, seine Wirklichkeit zu sortieren:

Fallbeispiel 1

Es handelt sich um einen 20-jährigen jungen Mann (J.), der beängstigt wirkt und häufig schon früh auf dem Gang der Station zu finden ist. Er erkennt, dass er sich im Krankenhaus befindet. Er wundert sich darüber, dass man ihn hierher als Zivi (der er vor seinem Unfall war) geschickt hat.

Offensichtlich passt diese Geschichte für ihn nicht, denn als Nächstes glaubt er, dass er sich hier zu einer Kieferoperation befindet, da er einen Fahrradunfall gehabt habe. Letzteres stimmt, liegt jedoch schon länger zurück und ist nicht Ursache des Schädelhirntraumas. Anscheinend „dämmert" ihm das auch, denn nun meint er, er habe sich seine Zähne aufgeschlagen, weil er mit dem Schlitten und gegen einen Baum gefahren sei. Draußen hat es in Wirklichkeit geschneit und die Idee mit dem „Schlitten" und dem

Baum kommt der Wirklichkeit schon sehr nahe, denn er ist mit dem Auto bei glatter Straße verunglückt.

Wir korrigieren diese Vorstellung, aber J. vergisst diese Version wieder.

Er zeigt sich weiter verängstigt, und ich bekomme heraus, dass er diese Station für sehr unheimlich hält. Denn er beobachte jeden Tag, dass leere Betten weggefahren werden würden. Eine richtige Wahrnehmung: Leute werden entlassen, jedoch mit der von ihm falsch gedachten Konsequenz: Er glaubt, hier würden jeden Tag Leute sterben.

Eine Woche später erzählt er mir, er habe geglaubt, die Pfleger wecken die Leute, damit sie aufstehen, und wer liegen bleibe, würde operiert werden. Daher sei er immer ganz schnell aufgestanden und habe sich auf den Gang gestellt.

Eine Woche später ist es möglich, mit ihm zusammen die Zeit zu ordnen: Seit wann er hier ist, wann der Unfall passierte und welcher Tag heute ist. J. besaß zwar ein Kliniktagebuch. Aber natürlich dachte er nie daran, es lag in seinem Nachtisch, ordentlich von seiner Familie und dem Personal verstaut, wie man das ja normalerweise auch mit einem „intimen" Tagebuch tun würde. Normalerweise. Da J. aber sichtbare Erinnerungshilfen brauchte, bastelte ich ihm eine neongrelle Tasche, hängte sie über sein Bett und steckte da hinein sein Tagebuch, in dem er die neuen Informationen finden konnte.

Es war erstaunlich, welche Veränderungen J. innerhalb eines Tages durchlebte. Therapeuten erzählten — unabhängig voneinander — J. sei wesentlich wacher, orientierter und kooperativer, und er erzählte, dass Frau Gérard mit ihm Ordnung gemacht habe und er nun Bescheid wisse. Ab diesem Zeitpunkt entwickelte er sich sehr rasch weiter und konnte erfolgreich in sein altes Leben zurückkehren.

Diese Zeit, in der die Patienten sozusagen wieder ins Leben zurückkehren, ihre Wirklichkeit neu konstruieren und quasi wieder aufräumen, d. h. ihr Mobile entwirren müssen, nennt man die Zeit des Durchgangssyndroms, eine gerade für Angehörige dramatische Zeit und für das Krankenhauspersonal oft recht anstrengend. Hier wird vor allem „Übersetzungshilfe" von uns gebraucht. Hier nützt es, die „Hirngeschädigtenbrille" aufzusetzen, um die „Logik" hinter der Verwirrung zu erkennen und dem Patienten zu helfen, die Knoten zu lösen.

Später fallen manche Patienten eher durch Einschränkungen von Funktionen oder durch Werkzeugstörungen auf, die die Anpassung an die normale Umwelt erschweren. Aber auch bei ihnen lohnt es sich, einen Blick in ihre Welt zu werfen, um sie evtl. von diesen „Anpassungsstörungen" zu befreien bzw. sie respektvoll zu korrigieren, wie das zweite Fallbeispiel zeigt.

Fallbeispiel 2

Der 20-jährige A. hatte schon prätraumatisch eine gewisse Rigidität gezeigt, die aber nun nach dem Schädelhirntrauma, wie das bei vielen Patienten der Fall ist, fast karikaturhaft „akzentuierter" ausgeprägt war. Hinzu kam eine neue Merkfähigkeitsstörung. A. eckte beim Personal ständig an. Nach dem Klinikaufenthalt besuchte er das Internat unserer Einrichtung, sodass ich seinen Weg länger verfolgen konnte.

Man könne es ihm nicht recht machen. So klang dies aus der Perspektive seiner Umgebung. Aus seiner Sicht sah die Welt jedoch etwas anders aus: Wegen seiner nun erhöhten Merkfähigkeitsschwäche war es für A. noch wichtiger geworden, dass seine Dinge genau an der Stelle lagen, an denen er sie immer ablegte. Das gab ihm die Sicherheit, sich besser orientieren und sich etwas merken zu können. Für die Reinmachefrau hatten „diese paar Zentimeter" keine Bedeutung, und entsprechend ging die Kommunikation zwischen A. und ihr gründlich schief, bis wir „Übersetzungshilfe" leisten konnten.

Eine andere Geschichte, die mit A. passierte, macht deutlich, wie „rigide" A., der nach wie vor einen überdurchschnittlichen IQ aufwies, Regeln anwandte, ohne ihren Sinn zu prüfen: Es war ein heißer Sommer und A., der an der Fensterfront lag, öffnete nur abends kurz für 5 Minuten das Fenster und schloss es wieder. Immer wieder beschwerte sich sein Zimmernachbar darüber, dass er vor Hitze und stickiger Luft nicht schlafen und atmen könne. A. könne doch nachts das Fenster einen Spalt geöffnet lassen. Das Personal intervenierte. Man hatte das Gefühl, A. provoziere und drangsaliere absichtlich seinen Nachbarn. A. dagegen fühlte sich völlig unverstanden und sehr ungerecht behandelt. Man bekam „keinen Anschluss unter dieser (üblichen) Nummer".

Schließlich kam in Gesprächen heraus, dass A. „wie früher" nach der Devise handelte: man müsse „Powerlüften", 5 Minuten Fenster auf, dann schließen. Jetzt wurde klar, dass A. vergessen hatte, dass diese Regel nur im Winter Sinn machte. Als ich vorsichtig mit ihm den Powerlüftsatz untersuchte und er nachvollziehen konnte, dass es einen Unterschied macht, ob es bei der Anwendung der Regel Winter oder Sommer ist, konnte er sein Verhalten und Beharren aufgeben, und es kehrte Frieden in dem Zimmer ein.

NUTZEN UND KONSEQUENZEN EINES SYSTEMISCHEN ANSATZES FÜR DIE SICHTWEISE EINER HIRNSCHÄDIGUNG

Vernetztes Denken führt zu vernetzter Teamarbeit

Systemisch heißt eine Betrachtungsweise, die jedes Ereignis und jeden Teil eines Klientensystems mit anderen vernetzt sieht, so wie in der Metapher des Mobiles beschrieben. Daher beziehen systemische Vorgehensweisen diesen wechselseitigen Beeinflussungszusammenhang ausdrücklich mit ein und versuchen, eine bewusste

Entscheidung darüber zu treffen, welche Elemente des Mobiles mitbetrachtet und welche Elemente direkt oder indirekt beeinflusst werden müssen.

Übertragen auf eine neurologische Klinik oder eine Rehabilitationseinrichtung stehen die verschiedenen dort arbeitenden Fachbereiche wie Medizin, Pflege, Krankengymnastik, Ergotherapie, Logopädie, Neuropsychologie, Psychiatrie, Pädagogik, Sozialpädagogik usw. für verschiedene Aspekte des „Gesamtmobiles Mensch", das zu einem neuen Gleichgewicht gebracht werden soll.

Was jeder einzelne Bereich an diesem System verändert, kann Auswirkungen auf andere Bereiche haben. Es ist zum Beispiel oft nicht notwendig, immer alle „Spezialisten" mit einzubeziehen. So ist Autonomieentwicklung nach meiner Ansicht kein ausschließliches Fachgebiet eines Psychologen. Sie kann in manchen Fällen genauso gut oder manchmal sogar besser z. B. durch die „Selbst-Ständigkeit", die die Physiotherapie trainiert, erreicht werden und breitet sich dann wie ein Steinwurf ins Wasser in Wellen an psychischer Selbstständigkeit auch auf andere Gebiete aus. Diese Arbeitsform ist darum ökonomisch – sowohl was die Ressourcen beim Personal als auch beim Patienten betrifft.

Wie sehr der Mensch ein Verbundsystem aus Seele und Körper ist und wie sehr die eine Ebene eine andere beeinflusst, kann man selbst durch folgende Übung ausprobieren:

Selbsterfahrung

Stellen Sie sich mit geradem Rücken hin und halten Sie Ihren Kopf hoch. Versuchen Sie nun, traurige Gedanken oder Gefühle zu entwickeln.

Lassen Sie sich umgekehrt schlaff nach vorne fallen, ihr Kopf hängt, alles hängt. Nun versuchen Sie, sich stolz zu fühlen. Geht das?

Bestimmte Gefühle sind also mit einer bestimmten Körperhaltung inkompatibel. Nach diesem Prinzip können körperliche Veränderungen seelische Veränderungen auslösen und umgekehrt.[5] Dass sogar mentale und motorische Vorgänge Veränderungen in der Hirnstruktur verursachen können, weiß man inzwischen aus den vielen neuen Erkenntnissen der Neurowissenschaften: z. B. Veränderung des Phantomschmerzes und innerhalb der betroffenen Hirnregion durch Imagination von Bewegung in diesem fehlenden Teil; die Veränderung eines Hirnareals durch Training bzw. mangelnde Nutzung; die Veränderung eines Hirnareals durch bestimmte Tonhöhen und damit die Veränderung des Tinnitusgeräusches usw. All dieses Wissen kann man in manchen Fällen nutzen, sowohl auf psychischer Ebene als auch auf körperlicher Ebene.

Aufgrund dieses inneren Netzwerkes mit seinen möglichen Wechselwirkungen im System Mensch müssen die Tätigkeiten der verschiedenen Berufsgruppen, die diese verschiedenen inneren Teilsysteme extern abbilden, während der Behandlung miteinander und aufeinander abgestimmt werden. Gemeinsam muss überlegt werden, welche gewünschten Veränderungen wohl mit welchen Mitteln in welcher Phase am ehesten und günstigsten zu erreichen sind. Diese Vorgehensweise setzt voraus, dass alle Bereiche und ihre Tätigkeiten als gleichwertig angesehen werden, und verlangt, dass Entscheidungsprozesse nicht hierarchisch getroffen werden, sondern im Team sorgfältig moderiert und abgestimmt werden.

Ein Beispiel für eine solche Entscheidung, die ein Team treffen muss, ist die Frage,

---

5 Setzen Sie sich zum Beispiel einmal in einen tief gestellten Pflegerollstuhl. Sie werden bald erleben, dass Sie Ihr Bedürfnis, etwas selbstständig zu machen, verlieren und stattdessen in ein säuglinghaftes Versorgungsbedürfnis verfallen. Wird Ihre Lehne dann senkrecht gestellt, vergeht dieses Bedürfnis relativ schnell.

ob in der unruhigen Phase des Durchgangssyndroms medikamentös sediert werden soll oder nicht. Denn gleichzeitig läuft eine „Ruhigstellung" des Patienten dem Ziel der besseren Orientierung und wacheren Erfassung der Wirklichkeit entgegen. So wären die Alternativen zu diskutieren und auszuprobieren, ob z. B. Angehörige (oder zusätzliches Personal, und wenn wer) in dieser Zeit den Patienten begleiten und mit welchen Mitteln sie ihm eine bessere Orientierung geben könnten, oder ob dadurch das familiäre Gleichgewicht (oder das institutionelle Gleichgewicht der Station durch fehlendes Personal oder Ruhestörung) zusätzlich so destabilisiert würde, dass der Patient evtl. noch mehr Unruhe erfahren würde. Oder alternativ wäre zu prüfen, ob ein anderer Kontext auf den Patienten beruhigender wirkt: ein ruhigeres Zimmer, ein anderer Mitpatient, ein anderer Tagesablauf, evtl. das Angebot z. B. einer Musiktherapie, der Aufbau eines klaren, strukturierten Rituals oder eine Kombination dieser Maßnahmen.

Ein weiteres Beispiel für die Notwendigkeit, Prozesse miteinander abzustimmen, wäre der Fall, wenn ein Patient – in einer späteren Behandlungsphase – durch seine wie auch immer begründete Passivität erreichte Fortschritte und einen Zuwachs an Selbstständigkeit verhindert. Durch welche Maßnahme würde man ihn am ehesten aktivieren können?

Würde man annehmen, es handle sich um ein symbiotisches Verhalten[6] und um ein Verhaltensmuster, das man bei dem Patienten in verschiedenen Kontexten beobachten kann, würde man miteinander besprechen, wie man antithetisch auf dieses Verhalten in allen betroffenen Be-

reichen reagieren könnte, um Autonomie zu fordern.

Vielleicht aber glaubt das Team, der Patient habe unrealistische Erwartungen an seine Fortschritte und resigniere nun. Dann wäre es sinnvoll, in den einzelnen Therapien realistische Ziele zu definieren und diese in erreichbare Teilziele zu zerlegen. Vielleicht wäre es wichtig, den Patienten dabei auch psychologisch zu unterstützen, entsprechende unrealistische Überzeugungen in seinem Bezugssystem zu verändern und an seine neue Situation anzupassen.

Vielleicht kommt das Team auch zu der Überzeugung, der Patient sei realistisch, habe aber im Augenblick keine Kraft mitzuarbeiten und brauche eine Therapiepause … oder einen Therapeutenwechsel … oder einen Fokuswechsel … oder ein anderes Setting, z. B. Gruppentherapie, wo er im Quervergleich mit anderen besser abschneiden könnte oder anders motiviert würde, oder man sollte eine Weile nur an einem Schwerpunkt arbeiten, der Erfolg verspricht, usw.

Oder das Team kommt zu dem Schluss, dass der Patient aufgrund organisch bedingter Antriebsschwäche nicht aus den Startlöchern kommt. Begründung: Er würde mitarbeiten, sobald er „auf die Schienen gesetzt wird". Oder die Therapeuten beobachten das Muster, dass der Patient willig ist, aber seine Handlungen aufgrund der hirnorganischen Einschränkungen nicht planvoll strukturieren kann. In beiden Fällen würde man zu dem Schluss gelangen, dieser Patient brauche „externe" Hilfe. Das heißt, er sei – anders als im Falle eines symbiotischen Verhaltens – nicht in der Lage, selbst Veränderungen herbeizuführen bzw. zu verantworten.

Mit diesem ausführlichen Beispiel will ich zeigen, dass

- man bei unterschiedlicher Betrachtung (Diagnose) und den daraus folgenden Ideen zu unterschiedlichen Therapiemaßnahmen kommen kann,

---

6 Symbiotisches Verhalten meint hier im Sinne der Transaktionsanalyse: Jemand tut etwas nicht, obwohl er dazu die Möglichkeiten hat, er übernimmt keine Verantwortung für sich in diesem Bereich, obwohl er dazu in der Lage wäre.

- es nicht viel Sinn machen würde, wenn jeder Therapiebereich für sich zu einer Lösung kommt, ohne sich mit den anderen Bereichen abzustimmen, in denen sich das gleiche problematische Verhaltensmuster zeigt und
- man dadurch evtl. wieder mehr Knoten in das Mobile wickeln würde, anstatt es aufzulösen.

Für uns war es meistens optimal, wenn wir mit dem Patienten und/oder seiner Familie zusammen mit dem Behandlungsteam die Behandlungsziele für die nächste Zeit gemeinsam abstecken konnten. Was hier nach größerem organisatorischen Aufwand klingt, wird letztendlich durch die größere Effektivität und auch Zufriedenheit bei allen Beteiligten wieder belohnt und wettgemacht.

Das zweite Element der systemischen Therapie, das in der Arbeit mit Hirngeschädigten eine besondere Rolle spielt, ist der wirklichkeitskonstruktive Ansatz.

Die wirklichkeitskonstruktive Perspektive schafft kreative Lösungen

Patienten

Wenn wir uns die Brille eines hirnorganisch beeinträchtigten Menschen auf die Nase setzen und versuchen, mit seinem Kopf die Wirklichkeit zu erfassen, kommen wir manchmal auf ein neues Verständnis seines Verhaltens und können ihm helfen, für ihn adäquatere Lösungen zu entwickeln. Ich habe dies bereits mehrfach an Beispielen aufgezeigt.

Unser eigenes Denken

Mit dieser neuen Brille oder diesem Bewusstsein, dass ein verletztes Gehirn anders erlebt, denkt, reagiert als ein nicht verletztes Gehirn, müssen wir auch unsere Instrumente, mit denen wir handeln, und die Ideen, die dahinterstecken, auf ihre Nützlichkeit für hirnverletzte Individu-

en bedenken. Das heißt, wir müssen erst noch zurücktreten und auch in Bezug auf die – impliziten wie expliziten – Theorien, die wir anwenden, einen Metastandpunkt einnehmen und sie nach ihrer impliziten Logik des Verständnisses von Wirklichkeit hinterfragen.

Es ist erstaunlich, wie wenig wir uns unserer impliziten Theorien eigentlich bewusst sind. Wir leben mit ihnen fast so wie mit unserer Sprache, deren Grammatik wir oft einem Ausländer nicht erklären können. So sind die meisten Psychotherapien anhand der Funktionsweise von nicht hirnorganisch kranken Menschen konzipiert worden: Leidensdruck, Einsichtsfähigkeit und Einsicht, Merkfähigkeit, logisches Denken, unsere Erlebensfähigkeiten, Sprache, Ausdauer, normale Verarbeitungsgeschwindigkeit werden wie selbstverständlich beim Patienten vorausgesetzt.

Doch wie gelingt Psychotherapie, wenn nur eines fehlt, oder – wie in der Praxis üblich – mehrere dieser Elemente fehlen? Was mache ich, wenn – wie bei manchen Frontalhirngeschädigten – genau die Instanz beeinträchtigt ist, die sonst Verhalten steuert? Wie gelingt Therapie oder auch nur einfachste Kommunikation, wenn die Möglichkeiten, sich sprachlich zu verständigen, beeinträchtigt sind? Wie messe ich Therapieerfolg, wenn die Merkfähigkeit beeinträchtigt ist oder der Patient ganz viele Wiederholungen des Gleichen braucht, um zu lernen?

Macht es Sinn, diese und andere Blockaden als Abwehr zu deuten? Erinnert sich ein Patient nicht, weil er traumatisiert ist? Macht es Sinn, solche psychoanalytischen Konzepte auf hirnorganische Patienten anzuwenden, und wenn ja, wann? Was macht den Unterschied zwischen einer psychotraumatisch bedingten, d. h. dissoziativen, und einer organischen Amnesie aus, und wie zeigt er sich?

Diese Fragen müssen gestellt werden, will man nicht die herkömmlichen Konzepte wie Schnuller verwenden, die nur beruhigen, aber niemandem wirklich weiterhelfen.

Es gab – und gibt vielleicht noch – Diskussionen darüber, ob wir eine eigene Neuropsychotherapie brauchen. Ich bin der Ansicht, dass Konzepte der anerkannten Psychotherapien durchaus anwendbar sind, aber sie müssen modifiziert und angepasst werden an die Besonderheiten der Hirnschädigung, und ihre Anwender müssen sich darüber bewusst sein.

Denn „Ideen gebären in sozialen Systemen Wirklichkeiten, aber natürlich gebären Wirklichkeiten auch Ideen und soziale Systeme" (Bernd Schmid 1989, S. 50).

Konsequenzen einer systemischen Sichtweise

Ein Schädelhirntrauma bzw. eine Hirnverletzung wird nicht nur allein als ein körperliches Ereignis gesehen, das entsprechend nur medizinisch und körperlich versorgt werden muss, sondern es wird als eine Gleichgewichtsstörung des gesamten Systems gesehen. In eine erfolgreiche Behandlung dieser Störung müssen also auch die Familie, die Freunde, das soziale Umfeld, das schulisch-berufliche Umfeld, die Wohnsituation usw. miteinbezogen werden, um ein neues Gleichgewicht wiederherzustellen.

Da die Folge einer Hirnschädigung – in den schwereren Fällen – meistens darin besteht, dass sich das Zentralnervensystem nicht mehr in der gleichen flexiblen Form wie früher anpassen kann, kann das Schädelhirntrauma auch auf allen Ebenen (körperlich, psychisch, geistig, sozial usw.) als Anpassungsstörung im Sinne einer erschwerten Akkomodation an neue Verhältnisse gesehen werden.

Welche Ebene dabei in den Vordergrund gestellt wird, das richtet sich nach der Relevanz des störenden Verhaltens und dem Interesse der Behandler. Veränderung auf der einen Ebene werden Veränderungen auf anderen Ebenen zur Folge haben.

Wenn ein Patient aufgrund seiner eingeschränkten Anpassungsfähigkeit selbst kein optimales Gleichgewicht mit seinem Umfeld herstellen kann, dann besteht die Hilfe in der Änderung der Umfeldbedingungen.

Die therapeutische Frage muss dann lauten: „Wie muss ich die äußeren Bedingungen so verändern, dass der Patient seine verbliebenen Möglichkeiten besser nutzen kann?!" Ich nenne diese Form der Hilfe Kontexttherapie. Sie orientiert sich vorwiegend an einem ganz einfachen Prinzip: „Was innen fehlt, muss von außen ersetzt werden."

Auch in der Medizin wird schon lange selbstverständlich nach diesem Prinzip gearbeitet, wenn eine Heilung nicht möglich ist. Man denke zum Beispiel an Prothesen, Rollstühle, Herzschrittmacher usw. Ähnlich braucht jemand, der sich etwas nicht merken kann, eine „Gedächtnis- und Erinnerungsprothese" so wie jemand, der nicht planen kann, eine Art externe Leitplanke braucht, an der er entlangfahren kann. Dieses Prinzip wird in dem Ratgeber für Angehörige an einzelnen Symptomen ausführlich erläutert (s. Gérard et al., 1996). Anregungen ergeben sich aber auch oft aus Selbsterfahrungsübungen.

Wird im Umgang mit einem Hirngeschädigten nicht wahrgenommen, dass er und sein „gesundes" Umfeld unterschiedlich wahrnehmen, denken, fühlen und sich ausdrücken, können zusätzliche Beziehungsstörungen entstehen.

WIE KANN MAN EINEN HIRN-GESCHÄDIGTEN UNTERSTÜTZEN?

Die Therapie von Hirngeschädigten muss darum aus systemischer Sicht aus folgenden Schritten bestehen:

- Rapport zum Bezugssystem des Patienten herstellen, d.h., die Hirngeschädigtenbrille aufsetzen und die Welt des Patienten wahrnehmen – und sich gleichzeitig der eigenen impliziten Denk- und Erlebensart bewusst sein.
- Unterschiede zwischen den Welten aufzeigen
  - sowohl dem Patienten (Ein Beispiel war das „Powerlüften" von J., dessen Regeln er fehlerhaft anwendete und dies nicht erkannte)
  - als auch seinem gesunden Umfeld. Als Beispiel kann hier die Umwelt von J. genannt werden, das ihm boshafte Schikane unterstellte und die Sichtweise S. nicht erkannte.
- Vereinbarung mit
  - dem Patienten, sich die notwendigen (mit dem Therapeuten vorher abgesprochenen) Hilfen (der Übersetzung, Steuerung oder ähnliches mehr) zu holen. Ein einfaches Beispiel wäre, dass jemand, der verlangsamt reagiert, sein Umfeld bittet, in seinem Tempo und mit Pausen zu sprechen,[7]
  - seinem Umfeld, dem Patienten entsprechende (Übersetzungs-, Steuerungs- usw.) Hilfen zu geben. So ist es wichtig, dass man mit aphasischen Patienten mimisch und gestisch deutlich und vor allem klar und kurz spricht.
- Behandlung: Erst nachdem ein gemeinsames Sprach- und Vermittlungssystem aufgebaut ist, kann m.E. die „eigentliche" Behandlung effektiv durchgeführt werden. Das sind
  - die Anwendung der in Kliniken und Reha-Einrichtungen typischen Therapien inklusive Pflege, Sozialpäda-

gogik usw. Wichtig erscheint mir die Abstimmung der Maßnahmen im Team;
  - die Reorganisation und Wiederanpassung der durch die Hirnschädigung aus dem Gleichgewicht geworfenen Person an ihre Umwelt durch eine therapeutische Umfeldgestaltung (Kontexttherapie). Diese setzt dann ein, wenn Anpassung nicht mehr oder vorübergehend nicht (wie beim Durchgangssyndrom) mit eigenen Mitteln möglich erscheint;
  - die Begleitung bei der Behinderungsverarbeitung und
  - die Bearbeitung möglicher prämorbider „Altlasten", die den Fortschritt im Gesamtsystem behindern. Darüber werde ich aber noch ausführlicher berichten.

ANWENDUNG DES SYSTEMISCHEN ANSATZES

Nützlich und hilfreich erscheint mir der systemische Ansatz vor allem dort zu sein, wo es sich um das Verständnis komplexer Phänomene handelt, für die es noch keine ausreichend befriedigende Denk- und Behandlungsansätze gibt, wie

- bei den Symptomen des Durchgangssyndroms,
- bei den Symptomen einer Frontalhirnschädigung,
- bei den Symptomen einer Antriebsstörung,
- bei anderen schwer messbaren Veränderungen der Persönlichkeit nach einer Hirnschädigung bzw.
- überall dort, wo unsere neuropsychologischen Messinstrumente noch zu wenig die Komplexität einer Störung abbilden können.

Der Ansatz nützt mir als Erklärungsmodell und Hilfe im Umgang für Verhaltenspro-

---

7 Auch für Ausnahmen, wenn z.B. das Gegenüber keine Zeit hat, muss man Regeln finden, z.B. den Patienten ein Kärtchen mitführen lassen, das das Problem beschreibt und eine Adresse enthält, an die man sich später wenden kann.

bleme, die schon vor dem Unfall bestanden und nun als Mixbarriere zusätzlich
einer positiven Veränderung im Wege stehen (s. Kap. 6 – Fallgeschichte Katrins).
Der Ansatz hilft oft als einfaches Erklärungsmodell für Eltern und Mitarbeitern
als Hilfe zur Selbsthilfe

4
Diagnostik

NEUROPSYCHOLOGISCHE UND ANDERE HERKÖMMLICHE DIAGNOSTIK

Eine systemische Sichtweise ersetzt in keiner Weise die bisher herkömmliche Art, eine Hirnschädigung und ihre Folgen zu messen, sondern sie kann einzelnen Elementen mehr Sinn und Zusammenhang geben. Auch hier gilt für mich die Mobile-Idee: Jede einzelne Testung bildet den Ausschnitt der Wirklichkeit ab, den sie zu messen vorgibt, die sogenannte Testvalidität. Sie ist so „objektiv" wie ein Foto: Stellen wir uns eine Bildszene vor, die wir gemeinsam betrachten. Wir meinen alle die gleiche Szene zu sehen. Nun geben Sie allen Beobachtern eine Kamera in die Hand und bitten Sie, das was sie aufgrund ihrer Ausbildung Besonderes sehen, zu fotografieren. Jedes Foto „stimmt", es bildet Wirklichkeit ab, und zwar den Ausschnitt, den der Fotograf sieht. Es ist seine Perspektive und sein Fokus, und der kann sich von dem der anderen so unterscheiden, dass nachher zehn verschiedene Fotos von zehn Kameraleuten auf dem Tisch liegen – und nun soll entschieden werden, welches Foto das Motiv am besten abbildet.

So ähnlich habe ich manchmal die Flut der Testergebnisse in der Behandlung von Hirngeschädigten erlebt. Wie ein größer werdendes Orchester nicht unbedingt einen besseren Klang entwickelt, so braucht es auch hier einen Dirigenten, der in der Lage ist, die Vielzahl der unterschiedlichen Nuancen und Facetten zu einem Bild zusammenzufügen. Es muss nicht ein Dirigent sein, der diese Aufgabe übernimmt, es kann auch das Team sein, das gut moderiert wird.

In der Praxis führen unterschiedliche Ergebnisse oder Sichtweisen leider manchmal zu Kompetenz- und Machtkämpfen zwischen einzelnen Bereichen, wer recht hat bzw. das Recht hat, die besondere Wirklichkeit zu definieren. Diese Art der Auseinandersetzungen ist meist nicht sehr hilfreich für den Patienten, bei dem ja vieles wieder „zusammengefügt" werden soll und der wie oben gesagt durch die Fachbereiche extern repräsentiert wird.

In der systemischen Denkweise geht es nicht um „Richtigkeit" (Wirklichkeit wird von uns allen konstruiert), sondern um Nützlichkeit einer Sicht- und Denkweise: Handelt es sich um objektive, valide und reliable Testinstrumente, so sind unterschiedliche Testergebnisse eine gute Gelegenheit, zu schauen, welche anderen (z. B. Kontext-)Bedingungen die verbesserte Leistung in dem einen Fall ermöglicht hat und wie man diese Bedingung dann für die Therapie utilisieren könnte.

Das Gleiche gilt für unterschiedliche Beobachtungsergebnisse. Auch hier gibt es zwei Aspekte zu bedenken und zu beachten: Welches ist der Bezugsrahmen, aus dem heraus beobachtet wird? So macht

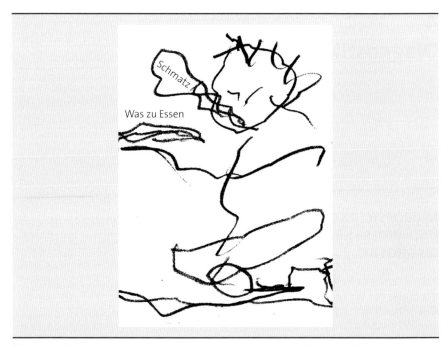

Abb. 4.1: Bild eines 21-jährigen Patienten „Das ist ein Junge im Rollstuhl, und der ist im Moment glücklich" (Zitat des Patienten)

es einen erheblichen Unterschied, ob ein Angehöriger den Patienten beobachtet. Seine Perspektive unterscheidet sich von unserer als Mitarbeiter durch seinen Standpunkt: Er kennt den Patienten von früher, er kennt seine „Ganzheit". Zum einen kann er evtl. kleinere Signale „besser" wahrnehmen oder deuten als wir. Zum anderen aber unterläuft ihm eher als uns die „Wahrnehmungstäuschung", eine Gestalt zu schließen, die nicht geschlossen ist (siehe Seite 10). Es geht aber jetzt nicht darum, wer „recht" hat, sondern darum, wie nützlich oder schädlich diese Sichtweise der Angehörigen für die Fortschritte des Patienten ist. Wird er eher überfordert oder tut ihm die hoffnungsvolle Stimmung der Eltern gut? usw. Das sind die Fragen, die eine systemische Herangehensweise stellt.

Zeigen sich unterschiedliche Standpunkte zwischen Mitarbeitern aus unterschied-lichen Fachbereichen, so ist die Diskussion, wer „recht" hat, z. B. bei erwachenden Patienten, oft wenig ertragreich im Sinne einer Klärung. Sinnvoller ist es zu fragen, was die Unterschiede bedeuten könnten, und diese evtl. zu einem stimmigen Konzept zu verbinden. Dies könnte z. B. heißen: Offensichtlich hat der Patient sehr unterschiedliche Phasen, in denen es ihm mal besser, mal schlechter geht und er eher Zugang hat zu Ressourcen oder eben nicht. Punkt. Oder: Es könnte sein, dass der Patient eben auf unterschiedliche Bedingungen unterschiedlich reagiert. Dann wären die eher förderlichen Bedingungen herauszufinden.

In jedem Fall ist es auch hier wichtig, nach dem eigenen Bezugsrahmen zu fragen: Wie komme ich auf diese Schlussfolgerung? Was bedeutet für mich z. B. das Augenzwinkern des Patienten, welche implizite Theorie steckt hinter meinen

Annahmen, welche hat der andere? Vor allem: Welchen Unterschied für den Patienten macht es, wenn wir der einen oder der anderen Theorie folgen? Dort, wo keine Einigung möglich ist, könnte man verschiedene Beobachtungsphasen einrichten, in denen die Plausibilität der einen bzw. der anderen Vorgehensweise vom Team überprüft wird.

DIE SOZIALE DIAGNOSE

Für einige auffällige Verhaltensweisen stehen keine aufschlussreichen Testverfahren zur Verfügung, sodass wir auf unser ureigenes Handwerkszeug, d. h. unsere Beobachtungsfähigkeit und Intuition, zurückgreifen müssen. Unsere Spiegelneuronen sind hilfreiche Co-Therapeuten, die wir in diesen Fällen gut nützen können: Das Verhalten und Erleben eines Pa-

tienten spiegelt sich – mehr oder weniger intensiv – in jedem Mitarbeiter (individuelle Ebene) als auch in der Kommunikation und Atmosphäre eines Teams (Teamebene) wider. Diese Information wird in der Transaktionsanalyse „soziale Diagnose" genannt.

Tabelle 4.1 ist das Ergebnis einer Befragung von Mitarbeitern und Mitarbeiterinnen aus Therapie, Medizin und Pflege bei einer Fortbildung zum Schädelhirntrauma. Sie dient als Beispiel und Anregung, in sich selbst zu horchen und Antworten zu finden.

Die drei Fragen lauteten – bezogen auf einen hirnorganisch verletzten Patienten:

- Welche Gefühle löst sein Verhalten bei mir aus?
- Wie würde ich selbst mit solchen Gefühlen umgehen?
- Was würde mir in der Situation am ehesten weiterhelfen?

Gefühle beim Umgang mit dem Patienten	Reaktionen auf diese Gefühle	Möglichkeiten Was würde mir helfen?
Irritation/„unheimlich"/ „fremd"/verstehe nicht	Kontakt vermeiden/Unsicherheit überspielen/Kontrolle haben wollen	Wissen/Erfahrung/ Verstehen/Fragen
Enttäuschung/Resignation	Rückzug/Kampf	Erkennen unrealistischer Erwartungen/Loslassen können/realist. Ziele setzen
Wut/Ärger	Unterdrücken/Überspielen/Rauslassen an falschen Personen, in falschen Situationen, so daß unannehmbar	rechtzeitiges Ausdrücken der Gefühle, bei „richtigen" Personen im „richtigen" Moment (z. B. Supervision)
Anstrengung/Überforderung	Krankwerden/„Abhauen"	gut für sich sorgen/Kräfte gut einteilen
Schmerz	unterdrücken/abschotten/besonders stark sein	weinen, ausdrücken, spüren/sich Unterstützung holen
Lähmung/Ohnmacht	übertriebener Aktionismus/Passivität	Unterstützung holen/Möglichkeiten definieren/Zwickmühlendenken erkennen

Tab. 4.1: Das Schädelhirntrauma im Spiegel des eigenen Erlebens

Sie werden erkennen, dass Sie die „Empfehlungen" der Intuition der Gruppe in der rechten Spalte gut in Behandlungsmaßnahmen für die Patienten werden umsetzen können. Diagnostische Hinweise über einen Patienten können Sie aber auch aus der entsprechenden Team- bzw. Fallbesprechung erhalten. Vielleicht kennen Sie das: Ein bestimmter Patient z. B. mit Aufmerksamkeitsstörungen wird aufgerufen bzw. ist nun Thema der Besprechung, und plötzlich zerfasert die Diskussion, wird unruhig und unkonzentriert. Als Nächstes spricht man über einen Patienten, der wenig Antrieb zeigt, und plötzlich scheint die Runde wie gelähmt zu sein. Auch hier können Sie in vielen Fällen zusätzliche diagnostische, aber auch therapeutische Hinweise bekommen.

ANWENDUNGSBEISPIELE

Im Folgenden möchte ich zwei Fallbeispiele beschreiben, anhand derer Sie sowohl die Arbeit mit der sozialen Diagnose als auch die Anwendung der bisher angesprochenen Prinzipien einer systemischen Sichtweise nachverfolgen können.

Fallbeispiel 3 – Verbindung

B. schien sich körperlich, kognitiv und psychisch gut erholt zu haben. Auch ihre Testergebnisse lagen fast überall im Bereich des Durchschnitts. Dennoch waren wir uns alle einig, dass etwas an ihr „nicht stimmte". Auch die Mutter berichtete, B. bekäme zu Hause einiges „nicht zusammen". Keiner jedoch konnte genau definieren oder systematisieren, was der Patientin wohl „fehlte" und was an ihrem Verhalten „inkohärent" war.
Im Team nun inszenierten die Ergotherapeutin und die Logopädin eine bestimmte Wirklichkeit, indem sie beide mit guten Argumenten darum stritten, dass es sich

um eine Störung im Wahrnehmungs- bzw. im Sprachbereich handeln müsse. Während ich intern nach der „Verbindung" der beiden sehr überzeugenden Standpunkte suchte, fiel mir ein, dass B's eine Hand während der Testuntersuchungen oft nicht wusste, was die andere gerade tat. So zeigte die rechte Hand bereits die richtige Lösung, während B. verbal (und auch mit den Gesten ihrer linken Hand) noch zu suchen schien. Ich äußerte hierauf den Verdacht, ob B. wohl an einer Störung der Verbindung beider Hemisphären, d. h. an einem Diskonnektionssyndrom litt. Nach der Testdiagnostik funktionierten beide Hemisphären für sich genommen „normal". Nur wenn ihre Zusammenarbeit „gefragt" war, gab es Probleme. Beispiel: B. hatte mein Zimmer auf Anhieb wiedergefunden. Erfreut und spontan lobte ich sie: „Am Gedächtnis kann es also nicht liegen: Du findest mein Zimmer ja prima!" B. antwortete: „Ja, vor allem die Lampe gefällt mir gut!" Damals irritierte mich diese Antwort zunächst. Eine Konfrontation ihrer „Redefinition" zeigte deutlich, dass es sich dabei nicht um eine Abwertung im innerpsychischen Sinne handelte, sondern dass B. offensichtlich meine Aussage nur mit ihrer rechten Hemisphäre und deren „Spezialbegabung" für globales atmosphärisches Empfinden aufgenommen hatte („gut finden" im geschmacklichen Sinne). Ihre linke Hemisphäre – zuständig für Details und Sprache – war nicht wie üblich „benachrichtigt" worden und konnte die Fehlwahrnehmung nicht korrigieren.
Eine Nachfrage in der vorbehandelnden Klinik bestätigte meine Annahme, dass bei dem Unfall auch die Verbindung zwischen den beiden Hemisphären mitbetroffen wurde.
Die therapeutische Implikation dieser Diagnose war dementsprechend eine ergotherapeutische Behandlung, die den Sprachbereich immer mit einbezog, wie umgekehrt eine logopädische Behandlung, die mit Bildern arbeitete (Gérard C, 1992, S. 22f).

Unsere Uneinigkeit in der Einschätzung vollzog also die – vordergründig – mangelnde Konsistenz der Verhaltensweisen wieder. Sie führte uns zu der besseren Einschätzung.

▶ Fallbeispiel 4 – Verstehen

Das folgende Beispiel stammt aus einer Supervision, die ich als Psychologin in der Abteilung Krankengymnastik durchgeführt habe:

Das Problem

David[8], ein junger, sehr engagierter Krankengymnast im Anerkennungsjahr, berichtet über seinen Patienten Arfan[8]. Arfan sei ein 14-jähriger Junge aus Pakistan. Ein halbes Jahr nach seiner Übersiedlung nach Deutschland verunglückte er so schwer, dass er sich unter anderem ein Schädelhirntrauma mit einer rechtsseitigen Lähmung zuzog. Eine sprachliche Verständigung ist zu diesem Zeitpunkt nicht möglich. Anfänglich habe sich Arfan gegen jede Behandlung (auch in anderen Bereichen) gewehrt. Es sei schon schwierig gewesen, ihn überhaupt in den Behandlungsraum zu „locken". Inzwischen käme er mit, ja, er scheine sich sogar zu freuen, wenn er, David, komme. Im Krankengymnastik-(KG-)Raum wolle er jedoch nur machen, was er wolle, z. B. Stehen – „im pathologischen Muster". Sobald man anderes von ihm fordere, fange er an zu „verhandeln" und dann immer mehr zu schreien und sich zu wehren, sodass eine Behandlung unmöglich würde.

David wünscht sich, dass A. *besser mitarbeitet.* Seine implizite Idee (s. Wirklichkeitskonstruktion) dahinter ist: Arfan *kann verstehen, und zwar mehr, als er vorgibt zu verstehen.* Er fühle sich deshalb von ihm „verarscht". Andererseits ist sich David aber auch *unsicher, ob seine Einschätzung von Arfan richtig sei.*

---

8 Namen geändert

Die (soziale) Diagnose

Die soziale Diagnose im Spiegel der Krankengymnastik-Gruppe
Die Teilnehmer berichten nacheinander von folgenden Gefühlen und Wahrnehmungen bei dem Bericht von David:
Gefühle der Verständnislosigkeit – der Irritation – mehr Verstehen – aufkommende Emotionalität – Gefühle der Ablehnung, der Aufregung, der Aggression.

Die soziale Diagnose im Spiegel meines eigenen Erlebens
Während David berichtet, erlebe ich, dass seine Worte für mich verschwimmen und *ich ihn* nicht verstehe. Ich versuche mich daher, an Davids Gesicht zu *orientieren.* David hat jedoch „zugemacht", sein Gesicht zeigt wenig Bewegung, seine Arme sind vor seiner Brust verschränkt. Fast gerate ich in Panik: *„Ich muss doch mitkriegen, worum es geht, und verstehe doch nichts."* In meiner Not suche ich Orientierung an den anderen Gesichtern. Ich bleibe dort hängen, wo ich etwas „lesen" kann: *emotionaler Ausdruck, der mir hilft, zu verstehen, was los ist.*

Hypothese
Sowohl die Reaktionssequenz der Teilnehmer als auch der Verlauf meiner inneren Empfindungen spiegeln einen Teil des inneren Erlebnisprozesses von Arfan wider: Danach verstand Arfan vermutlich weder, wo er sich befand, noch warum er sich hier befand und was mit ihm gemacht wird. Zu seiner Fremdsprachigkeit kommen unter Umständen Störungen seines Denkens und Erlebens *(s. Verständnislosigkeit und Irritation).* Mit zunehmendem Erwachen seiner psychischen Funktionen und dem zunehmenden Erkennen seiner Situation (z. B. nicht zu verstehen und verstanden zu werden) sind dann auch die aufbrechenden *Gefühle der Aufregung, Ablehnung, Aggression und Panik* zu erklären sowie sein Wunsch, die Situation zu kontrollieren (tun, was er will).

Dies ist meine Hypothese zu der möglichen Welt, die Arfan erlebt (SHT-Brille).

Konsequenz der Sichtweise

Was Arfan – und auch David auf seiner Ebene – an erster Stelle brauchen, ist emotionale Sicherheit und Orientierung über das, *„was hier los ist"*. Die Vermittlung dieser Werte und die Verständigung mit Arfan (s. Rapport herstellen) muss vorwiegend mimisch und gestisch und relativ einfach geschehen, ähnlich wie ich meine Therapie einem noch „sprachlosen" Kind erklären würde. Wichtig wäre auch abzuklären, was er kann und was er nicht kann, um ihn nicht zu überfordern und um sich selbst sicher zu sein, nicht „verarscht" zu werden. Spätestens hier also müssen die ärztlichen Befunde und die Ergebnisse einer neuropsychologische Diagnostik eingefordert werden.

Die Behandlung

Mit David vereinbare ich bei den nächsten beiden Behandlungen dabei und „da zu sein", um ihn zu spiegeln, seine Fragen zu beantworten, ihn aufzufangen und ihm Sicherheit zu geben, wenn er das will.

Die erste Praxisbeobachtung

Arfan kommt „begeistert" mit David in den KG-Raum. Dort selbst schaut er immer wieder irritiert und orientierungslos umher. Oft ist er „oben" in seinem Stehständer alleine gelassen, da beide Therapeuten (eine Ergotherapeutin dehnt gleichzeitig den Arm) sich eher „unter" ihm beschäftigen. Es wird deutlich, dass Arfan wohl sprachlich wenig versteht und sich mehr durch Davids Gesten und den Körperkontakt durch diesen führen lässt.

Im Laufe der Behandlung „leide" ich mit Arfan, der viel Unangenehmes aushalten muss und dabei gleichzeitig „locker" bleiben soll. Ich habe den Eindruck, er versteht nicht, warum mit ihm das alles gemacht wird und warum er Schmerzen haben muss. Ich denke aber, er mag David und traut ihm ein wenig. Gegen die Schmerzen jedoch wehrt er

sich wie ein Kleinkind, das schreit „tut weh, tut weh", vielleicht manchmal auch vorbeugend. Er handelt und geht auf Handel ein („nur noch einmal"). Beide Parteien betrügen sich und den andern, es gibt noch viele „Noch einmal". Weder für mich noch für die beiden ist durchsichtig, wann diese Tortur aufhört und Arfan keine Schmerzen mehr ertragen muss. Arfan wehrt sich, die Stimmung wird schlechter, es wird noch ungemütlicher für alle. Hinzu kommt: Der enge KG-Raum ist mit weiteren drei Patienten und deren Krankengymnastinnen gefüllt. Diese fühlen sich durch Arfans Geschrei gestört und dies wiederum verstärkt den Druck auf die Behandlungsgruppe um Arfan herum.

Umbewertung

Trotz und gerade in dieser schwierigen Situation machen alle Beteiligten ihre Aufgabe sehr gut:

Arfan hält für „seine" Verfassung viel aus, er leistet m. E. Schwerstarbeit. In den „Arbeitspausen" schöpft er Hoffnung, saugt das Lob von David auf: Zur Not lobt er sich selbst und bringt sich „in ein besseres Gleichgewicht".

David geht sehr gut mit Arfan mit. Er bleibt ganz auf dessen emotionalem Niveau: Er spiegelt sowohl die Intensität als auch die Lebendigkeit der Reaktionen Arfans deutlich wider. Hier verstehen sich beide nach meinem Gefühl gut – es besteht eine Beziehung.

Die Praxisbeobachtung bestätigt im Wesentlichen meine erste Hypothese. Wichtig aber erscheint mir Folgendes: Die von David anfänglich gegebene Problemstellung muss umdefiniert werden (eine neue Wirklichkeitssicht wird implantiert mit all ihren Implikationen): *Arfan arbeitet für seine Möglichkeiten optimal mit* (Möglichkeiten und Grenzen).

David nutzt *seine vorhandenen Möglichkeiten* optimal aus, indem er Arfan spiegelt, sein Vertrauen zu haben, und dieser offensichtlich David zuliebe oder im „blinden" Vertrauen zu David alles mitmache.

Somit besteht nicht das Hauptproblem in der Zusammenarbeit, wie anfänglich von David vermutet, sondern darin, wie man durch Kontexttherapie Kräfte sparen bzw. zugewinnen kann, sodass sowohl Arfan als auch David mehr Reserven zur Verfügung stehen.

Kontexttherapie
Komplexe Situationen (z. B. viele Reize) überfordern viele Hirngeschädigte. In Arfans Fall schien es uns besonders wichtig, dass er ausgeruht (immer erste Stunde KG im Therapieplan) erscheinen konnte und alleine behandelt wurde. Das Prinzip „Was innen fehlt, muss von außen ersetzt werden" heißt hier: Der Patient kann sich nur auf weniges konzentrieren, also muss man von außen die Reize reduzieren.
Die einzige Unsicherheit, die für Arfan und David blieb, war, wann, wie oft und wie lange Arfan den schmerzhaften Dehnreiz aushalten muss. Es wurde besprochen, dass diese Anweisungen klar, bildhaft und überschaubar gegeben werden.

Die zweite Praxisbeobachtung und der Erfolg
David bringt Arfan ein Blatt mit, auf dem er sechs dicke Striche eingezeichnet hat. Er erklärt Arfan, dass jeder Strich gelöscht wird, wenn Arfan lang genug sein Bein strecken und den Schmerz aushalten würde. Arfan versteht vielleicht, dass David ihm etwas Wichtiges mitteilen will. Erst aber, nachdem der zweite Strich gelöscht wird, ahnt er offensichtlich den Sinn.
David unterstützt außerdem den Anfang und das Ende jeder Übung mit einem deutlichen Befehl „Start" und „Stopp". Jetzt ist für alle die Übung durchschaubar. Arfan hat Kontrolle. Er hält viel besser durch. Er streckt seinen Fuß schon freiwillig vor, als er sieht, dass immer weniger Striche übrig sind. Er muss nicht mehr verhandeln, sondern kann nun seine Behandlung aktiv und sinnvoll mitgestalten. Er hält eine dreiviertel Stunde gut durch, und wir alle im Raum sind in euphorischer Stimmung. Wir haben das Gefühl, einen Durchbruch erzielt zu haben. Auch Wochen später berichten David – und im Übrigen auch andere Therapeuten –, dass Arfan „weitere gute Fortschritte gemacht" habe.

5
Angehörigenarbeit

Patienten haben enge Familienangehörige, die sie besuchen und die sich um sie kümmern. Obwohl diese Bezugspersonen nicht im Belegungsplan enthalten sind, sind sie ein wichtiger Bestandteil unserer aller Arbeit mit Hirngeschädigten. Es handelt sich meistens entweder bei erwachsenen Patienten um die Lebenspartner oder – wie in den Fällen, auf die ich mich hier beziehe – die Eltern.

Da jeder von uns Eltern (bzw. ein bestimmtes Maß an Partnererfahrung) besitzt, hat auch jeder von uns eine Menge (Glaubens-) Sätze in sich, die mehr oder weniger bewusst und mehr oder weniger affektiv anspringen, wenn wir in Kontakt mit ihnen geraten. Prüfen Sie, wenn Sie Lust haben, erst einmal bei sich selbst nach:

Prüfen Sie Ihre Erwartungen als Mitarbeiter an die Angehörigen, indem Sie die folgenden Sätze möglichst spontan beenden:

- „Gute Eltern (bzw. Partner von Patienten) sind solche, die ...“
- „Wenn ich an der Stelle der Eltern (Partner) wäre, würde ich mich in folgenden Punkten anders verhalten ...“
- „Wenn ich an Stelle des Patienten gewesen wäre, dann hätten meine Eltern (Partner) sich (anders, ähnlich oder wie ...?) verhalten.“
- „Wenn ich Eltern (Partner) des Patienten wäre, würde ich ....“
- „Wenn ich Patient wäre, würde ich mir von den Eltern (Partner) wünschen ...“

- „Wenn ich Eltern (Partner) des Patienten wäre, würde ich mir von der Klinik/ Institution/Mitarbeitern wünschen ...“

Es gilt also wieder, einen Schritt zur Seite zu treten und aus dieser Metaperspektive zu schauen, welche Wirklichkeiten wir, die Angehörigen und Therapeuten, gemeinsam inszenieren. Nach meiner Erfahrung entstehen gerade in der Kommunikation zwischen Mitarbeitern und Angehörigen sowie in der Kommunikation der Mitarbeiter untereinander über den „richtigen" Umgang mit Angehörigen Missstimmungen und Missverständnisse, die niemanden langfristig nützen. Deshalb möchte ich zuerst einmal beschreiben, welche Welten zusammentreffen, wenn sich Angehörige und Mitarbeiter auf der Station begegnen.

DIE BEGEGNUNG DER WELTEN

Wenn ein Patient auf die Normalstation oder in eine Rehaklinik verlegt wird, hat er und haben vor allem seine Angehörigen schon einiges erlebt, das den Kontakt mit den neuen Mitarbeitern möglicherweise färben kann:

Die Traumatisierung
Die meisten Eltern haben einen Schock erlitten. Ihr Leben ist von heute auf morgen „nicht mehr so, wie es war". Ihr Leben ist

aus der Kontrolle geraten. Die Illusion seiner Planbarkeit und Vorhersagbarkeit ist geplatzt. Manche Eltern zeigen auch später Symptome eines posttraumatischen Belastungssyndroms (s. u.).

Die Autorität und Glaubwürdigkeit der Medizin hat erste Risse bekommen

Die Erfahrungen auf der Intensivstation scheinen prägend zu sein. Hier wird den Eltern erstmalig die existenzielle Bedeutung des Ereignisses klar: Es geht um Leben oder Tod. Viele Mediziner legen sich nicht auf einen Ausgang fest, sie können es real nicht. Dann aber fühlen sich die Eltern verlassen, da sie eine solche Festlegung erwarten. Oder man bereitet die Eltern – mehr oder weniger schonend – darauf vor, dass das Kind wahrscheinlich nicht überleben wird. Die Eltern weigern sich, dies zu glauben, und haben in diesem Falle recht gehabt. Ihr Vertrauen in Statements der Klinik hat erste Risse bekommen. Aussagen der Ärzte und des Personals werden nun meist kritischer und skeptischer geprüft.

Von der Hektik der Intensivstation in den normalen Klinikalltag

Die Versorgung auf der Intensivstation mit ihren vielen Überwachungsapparaten, der personalintensiven Rundumbetreuung und der arbeitsdichten umtriebigen Atmosphäre gibt den Eltern das – soweit möglich – beruhigende Gefühl, hier wird viel für mein Kind getan. Dies entspricht dem Kontrollbedürfnis der Eltern und wirkt dem vorhandenen Gefühl, ohnmächtig zu sein, entgegen. Meistens wird den Angehörigen zusätzlich versprochen, dass dann in der Reha oder der anschließenden Klinik richtig „gearbeitet" wird und der Patient intensive Therapie erhält.

Mit diesen Vorerfahrungen und entsprechend gerichteten Erwartungen kommen die Patienten mit ihren Angehörigen in unsere Einrichtung, in der ein Arzt u. U.

20 Patienten versorgen muss. Sie kommen in eine Einrichtung, in der die Behandlungen ganz anders „getaktet" sind, in der es auch bewusste Ruhe- und Erholungszeiten gibt, möglichst auch für das Personal. Sie kommen in eine Einrichtung, in der sie anhand anderer, schon länger anwesender Patienten sehen, wie die Entwicklung ihres Kindes auch verlaufen könnte, und unterschwellig wächst eine neue Angst: „Was ist, wenn mein Kind behindert bleibt?"

Unter diesem Stress werden wieder alte innere Glaubenssätze aktiviert: „Man muss etwas dagegen tun! Und zwar schnell! Und zwar möglichst viel!" – nach der Devise, die im „normalen" Leben ja oft seine Gültigkeit hat: Viel bringt viel.

Wenn diese beiden Gruppen, Angehörige und das Personal der neuen Klinik, aufeinanderstoßen, kann sich folgender Teufelskreis entwickeln, den ich hier an der Rolle des Arztes darstellen will – es kann aber auch jede andere Berufsgruppe an dieser Stelle stehen (s. Abb. 5.1):

Der Kreis beginnt oben beim engagierten Arzt (äußerer Kreis). Trotz eines ausführlichen Informations- und Aufnahmegesprächs – der Arzt hat sich viel Zeit genommen, mehr als üblich, wie er meint – fragen die neuen Eltern (innerer Kreis) immer wieder nach. Der Arzt fühlt sich in seinem Bemühen, den Eltern zu helfen, nicht anerkannt, sein Unbehagen und sein Wunsch nach Distanz zu diesen Eltern wachsen. Die Eltern (innen) spüren dies und fühlen sich abgewimmelt. Es entsteht eine Zeit der Funkstille, in der der Arzt sich weiter engagiert, sich die Eltern aber woanders Information besorgen und mithilfe dieser neuen Informationen neue kritische Fragen und Forderungen stellen. Nun fühlt sich der Arzt in seiner Vermutung bestätigt, dass die Eltern undankbar seien, sein Unbehagen wird zur Ablehnung. Dies spüren die Eltern, sie fühlen sich nicht akzeptiert und sehen mit dieser Brille (noch mehr) Mängel der Insti-

Abb. 5.1: Die miteinander verzahnten Teufelskreise Institution – Eltern

tution. Sie sprechen mit anderen Eltern oder anderen Instanzen, holen sich dort Rat und Hilfe. Dies bestätigt wiederum den Arzt, der in den Aktionen der Eltern Kritik an ihm und mangelnde Wertschätzung seiner Arbeit sieht. Es geschieht ein Wechsel der Bedeutungsebenen. Es geht nicht mehr um Inhalte, es geht jetzt um die Beziehung. Fragen der Eltern werden vom Arzt als „In-Frage-gestellt-Werden" empfunden, verunsichern ihn, machen ihn z.B. „ungeduldig". Seine Antworten befriedigen die Eltern nicht usw. Der Karren steckt im Dreck, und es ist schwierig, ihn jetzt wieder „unbeschädigt" herauszuholen und zum Rollen zu bringen.

DER BRÜCKENSCHLAG

Wie kann man das Entstehen eines solchen Teufelskreises vermeiden? Blicken wir noch einmal getrennt in jede Welt und versuchen zu verstehen:

Die Bedürfnisse der Angehörigen

Eltern, die eine schmerzliche Diagnose, z.B. die eines Schädelhirntraumas ihres Kindes, erfahren, erleben

- den plötzlichen Verlust von Kontrolle und Vorhersagbarkeit über das eigene Leben. Nach Grawe und anderen ist das Bedürfnis nach Kontrolle und Orientierung eines der wichtigsten Grundbedürfnisse (s. Grawe 2004, S. 230ff),
- den Verlust der Illusion der Unversehrtheit und Wiederherstellbarkeit von Gesundheit,
- den Verlust von geplanter Zukunft und Perspektive,
- (in den meisten Fällen) Unerfahrenheit mit einer solchen Lebenssituation und die damit verbundene Orientierungslosigkeit.
- Die Angehörigen sind im Falle z.B. einer Hirnschädigung plötzlich konfrontiert mit einem Krankheitsbild, das ihnen meist bis dahin unbekannt

war, dessen Verlauf unvorhersagbar ist, und bei dem sie plötzlich auch mit den Grenzen der Heilbarkeit durch die Medizin konfrontiert sind.

Damit wird den Eltern der sichere Boden unter den Füßen weggezogen: Gesetzmäßigkeiten, die bisher Gültigkeit hatten und nach denen sie ihr Leben ausgerichtet hatten, stimmen nicht mehr, und neue Gesetze sind nicht in Sicht. Die Eltern leiden besonders stark unter dem Verlust dieses grundlegenden Kontrollbedürfnisses. Entsprechend groß ist ihr

- Bedürfnis nach Information,
- Bedürfnis nach Vorhersagbarkeit,
- Bedürfnis nach Kontrolle und Einfluss auf den Heilungsprozess,
- Bedürfnis nach Orientierung,
- Bedürfnis nach Struktur und Regeln,
- Bedürfnis nach Sicherheit und Klarheit,
- Bedürfnis nach Glaubwürdigkeit.

Situation der Institution

Diese Bedürfnisse der Angehörigen treffen auf eine Institution, die es mit einem Krankheitsbild zu tun hat, das durch seine Grenzsetzungen aus dem Rahmen fällt. Nämlich es setzt

- Grenzen der Information,
- Grenzen der Vorhersagbarkeit und
- Grenzen der Kontrolle und Einfluss auf den Heilungsprozess durch die Medizin.

Diese Besonderheiten der Krankheit versetzen den Arzt in eine Rolle, die ihn verunsichern kann. Je nach persönlicher Schattierung reagiert der eine eher als unsicherer, als aggressiver oder als besonders sicherer „Experte".

Was hilft?

Wie kann eine Brücke zwischen den beiden Welten geschlagen werden? Nach meiner Erfahrung ist es wichtig, dass das Personal gut für sich sorgt, denn auch es muss lernen, mit Grenzen und Grenzerfahrungen (persönlicher, fachmännischer, religiöser, ideologischer, körperlicher usw. Art) umzugehen (s. Kap. „Mit Grenzsituationen leben", S. 47). Wenn es sich auf diese Weise gestärkt genug fühlt, ist es leichter, die folgenden Empfehlungen im Umgang mit Angehörigen umzusetzen. Wichtig erscheint mir das antithetische Handeln, das heißt, Angehörige brauchen in einer Situation, in der sie sich nicht auskennen, ein Mehr an Information. Diese muss u. U. öfter wiederholt werden, da die Aufnahmefähigkeit der Eltern in dieser Phase oft eingeschränkt ist.

„Leben ist das, was geschieht, während wir andere Pläne machen", heißt es in einem Lied von John Lennon. Da sich das Leben plötzlich nicht mehr an gewohnte Regeln hält, nicht mehr vorhersagbar ist, brauchen Eltern ein neues Gerüst, an das sie sich halten können, damit die Zukunft wieder planbar und vorhersehbar erscheint, wie Folgetermine, kurzfristige Behandlungsziele. Mit dieser „Wanderkarte" und der Aussicht auf das nächste zu erreichende Ziel kann man dann auch die Eltern auf ihren Weg schicken und sich für die nächste Weggabelung (den Folgetermin) verabreden.

Durch die neue Diagnose haben die Eltern aus ihrer Sicht Kontrolle und Einfluss plötzlich verloren. Sie fühlen sich ohnmächtig. Sie brauchen das Gefühl, etwas tun zu können, den Entwicklungsprozess beeinflussen zu können (s. Grundbedürfnis nach Kontrolle und Orientierung). Geben Sie den Eltern Handlungsanweisungen. Wir bitten z. B. Eltern, deren Kinder im Koma liegen, Kassetten zu besprechen oder zu bespielen, oder ihr Kind mit dem Frotteehandschuh zu massieren usw. Das übermäßige Kontroll- und Überaktivitätsbedürfnis mancher Eltern kann so sinnvoll kanalisiert werden.

Oft hat der Glaube der Eltern an die Medizin und ihre Fähigkeit zu helfen im Laufe der Untersuchungen bis zur Diagnosestellung gelitten. Die Vertrauenstöpfe müssen neu gefüllt werden. Eltern sollten eher zu viel als zu wenig mit in alle Entscheidungen einbezogen werden. Sie sollten vor jedem neuen Schritt – und wenn es nur eine unwesentliche Änderung der Medikation ist – informiert werden.

Eltern erleben sich nach der Eröffnung einer schmerzvollen Diagnose oft als inkompetent, kraftlos, schwach, überfordert, hilflos. Es ist darum wichtig, das ganze System zu unterstützen, Helferkreise zu organisieren, Belastungen in der Familie umzuverteilen, Eltern zu ermutigen, andere Dinge hintanzustellen.

Zusammenfassung

Es sind also vier Bereiche, in denen die Hilfe ansetzen kann, und zwar in den Bereichen:

Information

- Vorerwartungen der Angehörigen klären und korrigieren
- Vereinbarungen treffen (s. auch unten)
- Vereinbarungen klar und kurz definieren
- Sich (am Anfang) nur auf Fragen der Angehörigen beziehen, d. h. ihre Aufnahmekapazität (s. Verarbeitung) und ihr Tempo beachten
- Täglicher Kontakt, in dem das Gefühl vermittelt wird, man ist da. Es reicht manchmal auch nur ein „Guten Morgen" oder eine ähnliche Geste, die vermittelt: „Ich nehme dich wahr"
- Grenzen (wenn angesprochen) und Behandlungsbedingungen klar definieren

Vorhersagbarkeit

- Zeit strukturieren
- Kleine, erreichbare Ziele definieren

- „Arbeiten mit Netz", d. h., verschiedene Wirklichkeiten/Wahrscheinlichkeiten/Inszenarien beschreiben, z. B. angenommen, dass ...

Kontrolle

- Mehr (lieber zu viel als zu wenig) einbeziehen und mitteilen als „üblich"
- „Viel tun" wird als mehr helfen gewertet, daher müssen auch kleine Verrichtungen „größer" dokumentiert werden
- Anleiten zum Handeln (Macht statt Ohnmacht): Man kann Angehörigen ermutigen, Tätigkeiten am Patienten auszuüben, die diesem guttun und die nicht schaden, wie eincremen, vorlesen usw.
- Jede kleinste Änderung der Therapie (wenn möglich) absprechen, ankündigen

Orientierung, Struktur

- S. o. Zeit strukturieren (z. B. regelmäßige Teamgespräche)
- Kriterien, Ziele definieren (z. B. geregelter Schlaf-Wach-Rhythmus, Bewusstsein, Beeinflussung der Spastik, der Anfälle ...)
- Stundenplan füllen und einhalten
- Klare Regeln für Eltern und Besucher (vorher mit Eltern besprechen)

DIE VERMITTLUNG DER SCHMERZHAFTEN DIAGNOSE

Die Bedeutung der Diagnoseeröffnung

Wenn Angehörige eines hirnverletzten Patienten zu uns kommen, sind sie bereits durch die Diagnoseeröffnung auf der Intensivstation geprägt. Die Entwicklung nach einer Hirnschädigung erfordert jedoch immer wieder neue Prognosen, Festlegungen und damit die Eröffnung neuer u.U. schmerzvoller Diagnosen. Diese müssen wir dann selbst vornehmen und gestalten. Wissenschaftliche Untersuchungen zeigen, dass die Art und Weise, wie Eltern mit dieser neuen Lebenssituation konfrontiert werden, für die weitere Verarbeitung und den Umgang mit dem betroffenen Kind eine nicht unerhebliche Rolle spielt – und zwar in folgender Form:

Die Situation der Erstinformation ist von ganz zentraler Bedeutung für die Auseinandersetzung mit dem erkrankten oder behinderten Kind (Lambeck, 1992):

- Eltern haben die Situation der Diagnoseeröffnung auch nach vielen Jahren noch im Detail im Gedächtnis.
- Die im Erstgespräch gewonnenen Sichtweisen und Deutungen erweisen sich als außerordentlich veränderungsresistent.
- Die Form der ärztlichen Diagnosemitteilung kann sowohl die Eltern-Kind-Bindung als auch die dem Kind gewährte Therapie und Förderung und damit auch seine Entwicklungschancen beeinflussen. Hierbei scheint nicht das *was*, der Inhalt des Erstgesprächs, sondern die Art und Weise, *wie* die Diagnose vermittelt wird, entscheidend zu sein.

Wenn wir Elterngespräche führen, sollten wir uns deshalb folgender Aspekte bewusst sein:

- Die Prägung der Erstinformation. Hier ist es vielleicht wichtig nachzufragen, wie die Eltern damals informiert wurden, was Sie sich jetzt wünschen, um sich sicherer und geschützt zu fühlen.
- Die schon oft angesprochenen unterschiedlichen Ausgangssituationen, in denen wir, die Mitarbeiter, und sie, die Angehörigen, sich befinden. Es handelt sich um zwei völlig unterschiedliche Theaterstücke.

- Die mögliche Traumatisierung der Eltern und was diese für ihre Fähigkeit, Informationen aufzunehmen, bedeutet.

Zwei Stücke – eine Theatermetapher [9]

Ich lade Sie ein, sich ein einziges Stück mit mir anzuschauen, das z.B. heißen könnte: „Der Tag, an dem die Diagnose eröffnet wurde." Sie werden das Stück zweimal sehen. Unterschiedliche Personen werden Regie führen, denn Sie werden das Stück aus verschiedenen Perspektiven kennenlernen, nämlich aus der des behandelnden Arztes/Psychologen/Therapeutenteams und aus der Sicht der Eltern. Sie werden sehen, dass es sich um zwei unterschiedliche Stücke handelt – trotz des scheinbar gleichen Inhalts.

Theaterstück aus Perspektive der Psychologen/Ärzte/des Teams

Beginnen wir mit ihrer Perspektive. Das Stück beginnt mit dem Zeitpunkt des Verdachts einer Erkrankung oder drohenden Behinderung oder direkt – wie bei einer Hirnschädigung durch Unfall – mit der Diagnoseeröffnung. Die u.U. mehrjährige Vorgeschichte des betroffenen Kindes und seiner Familie wird mit mageren Strichen zum Bühnenbild im Hintergrund der Szenen. Aufgrund ärztlicher Befunde und unserer Erstdiagnostik in der ersten Szene unseres Stückes machen wir Aussagen über eine mögliche Zukunft des Patienten. Unsere testpsychologischen Messergebnisse setzen den Spielraum und die Grenzen vermittelbarer Hoffnungen und Grenzen. Wir sind Schauspieler und Regisseur zugleich und schreiben das Drehbuch für diese und die folgenden Szenen, an denen wir selbst später (nach Entlassung des Patienten) gar nicht mehr teilnehmen werden. Wir haben anhand unserer Dia-

---

9 s. Bernd Schmid 2004, S. 63ff

gnostik und Ausbildung ein relativ klar strukturiertes Skript und auch vertraute Texte.

Unsere Diagnosen sind wie bei Wahlen Hochrechnungen, wir können das Endergebnis oder zumindest den zeitlichen Verlauf nicht präzise voraussagen – im Fall einer plötzlich eingetretenen Hirnschädigung durchlaufen wir sogar einen diagnostischen Prozess mit Diagnosen unterschiedlichen Verfallsdatums. Wie gehen wir mit den Unsicherheiten um? Wie improvisieren wir, wenn z. B. Eltern an der Wirklichkeit verzweifeln oder unsere Wirklichkeit in Frage stellen? Was tun wir dort? Welches Repertoire besitzen wir hierfür? Welche Rolle spielen die Eltern aus *unserer* Sicht in diesem Stück? Welchen Handlungsspielraum geben wir ihnen? Sprechen wir dieselbe Sprache? Reagieren wir auf ihre Stichworte adäquat mit unserem Einsatz? Können die Eltern unser Stück beeinflussen? Sind sie einverstanden mit ihrer und unserer Rolle? *Was* können wir dazu beitragen, dass sie während des Stückes ihre Rolle so weiter entwickeln, dass sie später selbst die tragenden Rollen übernehmen können? Das sind die Fragen, auf die ich später eingehen möchte.

Wenden wir uns jetzt aber der Aufführung des Stückes aus Sicht der Eltern zu.

Theaterstück aus Sicht der Eltern

„Nichts ist mehr so, wie es war." So könnte das Theaterstück der Eltern heißen. Ihr Stück, in dem wir nur einen Akt lang mitspielen, beginnt mit der Schwangerschaft, die zur Geburt des Kindes führte. Eltern und Kind waren die Hauptdarsteller, die ihre Rollen beherrschten und selbst das Drehbuch schrieben. Spätere Szenen waren gedanklich entworfen. Plötzlich sind das Drehbuch, die gewohnten Rollen und Texte verschwunden und ersetzt durch Szenarien, auf die die Eltern nicht vorbereitet sind. Eine Mutter schreibt:

„Unser ganzes Familienleben ist durch (Namen des Kindes) Unfall wie mit einem Querstrich durchtrennt. Die Worte ‚vorher' und ‚nachher' wurden für uns zu einem Zeitbegriff."

Die Eltern, die bis dahin selbst Regisseure und Mitspieler waren, erleben, dass andere die Regie übernommen haben, dass das Stück sich in eine Richtung entwickelt, die sie niemals selbst eingeschlagen hätten. Sie müssen mitspielen, ob sie wollen oder nicht.

Erwarten sie von uns dann einen hilfreichen Text und ein Rollenanweisung? Bekommen sie diese und wenn, welchen Text? Wofür brauchen sie Anweisungen? Äußerungen mancher Eltern lassen vermuten, dass zwischen ihrer und unserer Wirklichkeit Welten liegen. Reaktionen von Eltern lassen manchmal erkennen, dass unsere Botschaften nicht so ankommen, wie wir wollen.

So beschwerte sich eine Mutter bei mir, dass die Schwestern am Telefon, wenn sie nach ihrem Sohn fragte, antworteten „es sei alles in Ordnung", in der besten Absicht, die Mutter zu beruhigen, und aufgrund der Tatsache, dass sich nichts Außergewöhnliches verändert hatte. „Was heißt hier in Ordnung?" sagt die Mutter „Für mich ist nichts in Ordnung".

„Den Inhalt einer Botschaft bestimmt der Empfänger" heißt es in der Kommunikationspsychologie. Soll aus zwei Perspektiven miteinander kommuniziert werden, muss eine gemeinsame Wirklichkeit er- oder gefunden werden. Wie hilfreich sind wir als Team dabei, diese gemeinsame Wirklichkeit mit den Angehörigen zu gestalten und zu definieren? Was müssen wir berücksichtigen, wenn wir wollen, dass unsere Diagnosen und unsere Unterstützung so ankommen, wie wir wollen, oder zumindest so ankommen, dass sie hilfreich sind für das weitere Gelingen des Stückes, auch wenn es jetzt dramatisch verläuft?

Traumatisierung und psychosoziale Belastung

Zunächst möchte ich meinen Scheinwerfer noch auf zwei Aspekte lenken, die unserer Aufmerksamkeit als Regisseure bedarf:

Die mögliche Traumatisierung der Eltern/Angehörigen

Menschen, die eine traumatische Situation erleben – und dazu können Unfälle bzw. das plötzliche Koma des Kindes oder eine sonstige Diagnose, die unvorbereitet trifft, zählen –, können unter einer posttraumatischen Belastungsstörung leiden. Wir erleben bei unseren Eltern zumindest viele der Symptome, die für die posttraumatische Belastungsstörung beschrieben werden:

- Quälende Flashbacks der Bilder, wie sie das Kind an dem Unfall bzw. Krankheitstag vorfanden, mit all ihren begleitenden Emotionen
- Die Suche nach Erklärungen, wie so etwas passieren konnte
- Die Beschäftigung mit kontraproduktiven rückwärtsgewandten Fragen: „wenn ich doch…" „was wäre gewesen, wenn …"
- Schuldgefühle
- Entweder Hypersensitivität auf eine Vielzahl innerer und äußerer Reize, die sich in gesteigerter Erregbarkeit äußert oder
- Psychische Betäubtheit, Eltern wirken abgestumpft
- Konzentrationsstörungen
- Gedächtnislücken: Oft stellen wir z. B. fest, dass Eltern die Information, die wir ihnen – sogar schon öfter – gegeben haben, gar nicht aufgenommen haben

Die Fragen, die uns Mitarbeiter beschäftigen muss, könnten lauten: Was brauchen Menschen, die auf diese Weise traumatisiert sind? Was bedeutet für sie und das Trauma die tägliche Konfrontation mit dem erkrankten Kind? Ist sie hilfreich für die Verarbeitung? Oder unter welchen Bedingungen wäre sie hilfreich? Wie können wir für Eltern bzw. Angehörige eine Ressourceninsel oder Insel der Sicherheit bauen, auf die sie sich wenn nötig zurückziehen können, um Kraft zu tanken, und mit deren Hilfe sie die Verarbeitung des Traumas angehen können? Können wir Situationen schaffen, in denen die Angehörigen eher Informationen aufnehmen können, und wenn ja, wie? Diese Fragen sollen im nächsten Kapitel aufgegriffen werden.

Der zweite Aspekt, den ich hier beleuchten will, ist die besondere psychosoziale Belastungssituation, in der sich die Eltern befinden.

Die psychosoziale Belastungssituation

Zu dem Verlust der Kontrolle, den die Angehörigen durch die plötzliche Hirnschädigung erlitten haben, kommen die Folgen, die sich daraus ergeben, nämlich:

- Durch die neue Lebenssituation und dazu die häufige Abwesenheit der Angehörigen gerät das ganze Familiensystem in eine Schieflage. Angehörige von behinderten oder kranken Kindern müssen mehr managen als normal (Familien, die getrennt sind, Ämterbesuche, Finanzen, Gericht …).
- Die Eltern erleben den Verlust der gewohnten Beziehung zum Kind, z. B. das Spielerische, Leichte, Kindliche, und daraus folgt ein Verlust an gewohnter Bestätigung und Selbstspiegelung durch ein gesundes Kind. Denken Sie an den Stolz und das Glücksgefühl vieler Eltern, wenn sie ihr gelungenes Kind betrachten.
- Daraus folgt oft ein Gefühl der Verlassenheit und Bedrohung des Selbst. Dies hat zur Folge, dass die Kontinuität des Selbsterlebens unterbrochen wird.
- Die mit anderen erlebte gemeinsame Wirklichkeit wird gespalten in meine

Welt und die der andern, deren Leben (einfach) weitergeht. Die Folgen davon sind oft sozialer Rückzug und Gefühle der Hilflosigkeit und Handlungsunfähigkeit.

Auch die Trauerarbeit, die im Laufe der Behandlung des Kindes einsetzt, ist anders, als wenn das Kind gestorben wäre: Im Unterschied zum verstorbenen ist das kranke oder behinderte Kind weiter physisch anwesend, aber in seiner Identität verändert. Die Erinnerung an das gesunde Kind, die bei verwaisten Eltern später oft tröstende und verbindungstiftende Funktion hat, schmerzt jedes Mal erneut. Gleichzeitig hat die Erinnerung auch die Funktion, Kontinuität herzustellen (vgl. Bednarz, 2005). Unsere Eltern müssen also weiter im Spagat der Erinnerung an das gesunde und dem Bewusstsein des nun behinderten Kind leben.

Hinzu kommt, dass unsere Diagnosen, wie oben beschrieben, Hochrechnungen sind. Das heißt, dass das Endergebnis, d. h. der Umfang der Entwicklungsmöglichkeiten, über eine lange Zeit unklar bleibt. Die Hoffnung auf positive Veränderungen, auf Wunder, auf neue Therapien, andere Therapeuten, andere Meinungen, andere Konzepte schiebt damit das Abschiednehmen hinaus. Die Seele schreit am Anfang nach solchen Entlastungshoffnungen, um die momentane Wirklichkeit ertragen zu können.

Das Diagnosegespräch: Orientierung und Standpunkte

Ich habe bis jetzt die Bühnenräume und Rollenvoraussetzungen der Eltern für unsere Regiearbeit etwas ausführlicher beleuchtet und komme nun zur praktischen Arbeit: Wie gestalten wir die Szene „Vermittlung schmerzvoller Diagnosen", welche Rolle spielen wir dabei, wie lautet unser Drehbuch und wie können unsere Dialoge und Interaktionen mit den Eltern

dem Stück fruchtbare Impulse geben – um die Fragen des Anfangs noch einmal aufzunehmen.

Zunächst sollten wir uns fragen, wer an einem solchen Diagnoseeröffnungsgespräch teilnehmen sollte und wie die Rollen dabei verteilt werden sollten.

Rollenverteilung: Arzt – Psychologe – Team

Immer wieder lese ich in der Literatur, es sei gut, einen Psychologen mit in das Gespräch einzubeziehen. Ich weiß nicht, ob dies einmal untersucht worden ist. Ich selbst halte die Teilnahme des Psychologen am Eröffnungsgespräch nur unter der Bedingung für sinnvoll, dass vorher schon eine gute Beziehung zu den Eltern bestand.

Es geht in diesem Erstgespräch vor allem um eine sachliche und zugleich einfühlsame Aufklärung über das Krankheitsbild. Meistens ist dies die Rolle des Arztes, der diese Informationen besitzt und vertreten kann. Der Psychologe oder die Psychologin hat m. E. als Nur-Beisitzer/Nur-Beisitzerin keine glückliche Rolle. Stellen Sie sich die Szene bildhaft auf der Bühne vor: In dieser Szene ist er m. E. nur eine Randfigur. Er kann nichts daran ändern, dass die neuen Informationen für die Eltern bedrohlich sind. Es geht noch nicht um Verarbeitung, sondern Aufnahme. Er hat keinen oder kaum Handlungsspielraum in der Sitzung. Das Erleben weiterer Personen im Raum, die ohnmächtig zusehen müssen, was geschieht, potenziert die Hilflosigkeit aller Beteiligten bis zur Unerträglichkeit. Als unterstützend wird von den Eltern vor allem (meist) die Anwesenheit des Partners, der Partnerin oder einer andern vertrauten Person gesehen.

Diese Rollentrennung, der Arzt als einfühlsamer Vermittler von Informationen und Fachmann für medizinische Fragen einerseits und der Psychologe als Wegbegleiter durch die kommenden verwirrenden Wochen, mag auch den Arzt entlasten. Er kann sich wieder auf seine fachliche Rolle zurückziehen, weil er den Patienten psychologisch versorgt sieht. Die eigentliche Rolle des Psychologen/der Psychologin sehe ich in den Folgegesprächen, in der diese Erstinformation verarbeitet werden muss.

Das Setting

Ein stabiles und hilfreiches Setting ist die Basis, auf der der Prozess einer Schicksalsverarbeitung bzw. Neuanpassung eher Chancen hat zu gelingen. Dazu gehören:

Vorbereitung und Coaching des Teams

Ein Bestandteil des systemischen Denkens ist es, in „Mustern" zu denken: So wie Angehörige durch die plötzliche Konfrontation mit dem Schicksalsschlag in eine traumatische Stresssituation gebracht wurden, so wichtig ist es, antithetisch dafür zu sorgen, dass jetzt nicht auch die Teilnehmer an dem Gespräch, sprich die Mitarbeiter, das Team, unvorbereitet mit Verzweiflung, Trauer, Wut usw. konfrontiert werden und nicht damit umzugehen wissen. Es ist wichtig, das Umfeld am Arbeitsplatz, die teilnehmenden Kollegen und Kolleginnen vorzubereiten und sie im Umgang mit den möglichen Reaktionen der Eltern zu schulen, ihnen zu helfen, standzuhalten und sich selbst zu schützen bzw. Hilfe zu holen, wenn sie diese brauchen.

Wie gehen wir um mit Weinen, Leiden, der Trauer, der Wut, der Abwehr? Auch hier finden sich in jedem von uns recht unterschiedliche Glaubenssätze, was gut ist: All diese Sätze könnten – unvorbereitet – sich nun in dem Elterngespräch „austoben" und die Atmosphäre schwierig machen: Das eine Teammitglied weint vielleicht mit, das andere meint, es ist besser, die Verzweiflung „auszureden". Nach meinen langjährigen Erfahrungen geht es oft nicht darum, etwas „wegzumachen", sondern es zuzulassen, es auszuhalten, ihm standzuhalten. Aber auch Verdrängung kann in der ersten Phase ein hilfreicher Abwehrmechanismus sein. Die Seele hat offensichtlich eine eingeschränkte Verarbeitungskapazität. „Zeit heilt Wunden" ist nicht nur eine Redensart. In seinem Buch „Schattenkind" schreibt P. F. Thomése 2004 über die Verarbeitung der Krankheit seines Kindes:

„Es ist schwierig, den Augenblick zu bestimmen ..., wann ich mir einzugestehen wagte, dass ich es wusste. Denn eine bestimmte Art von Wissen fährt zuerst eine Zeit lang als blinder Passagier im Denken mit, still und heimlich, eine dunkle Gestalt, versteckt in einem der Rettungsboote auf dem oberen Deck. Man weiß es, mit dem ganzen Ahnungsvermögen, über das man verfügt, weiß man es, nur will man noch keine Gewissheit haben, wie bei einem Brief, den man noch nicht zu öffnen wagte" (ebenda, S. 20).

Gerade für den Arzt ist die Diagnoseeröffnung besonders belastend: Er verliert seine Rolle als Hoffnungsträger und wird zum Überbringer von Hiobsbotschaften. Er fürchtet u. U., nicht auf alle Fragen des Patienten eine Antwort zu kennen. Der Umgang mit Grenzen ist für Mediziner gerade auch im Zeitalter der „Machbarkeit" ein eher ungern besprochenes Thema. Trotzdem muss die Initiative zur offenen Gesprächsführung vom Arzt ausgehen. Auch er braucht Unterstützung, denn er bringt wie wir alle seine persönlichen Schwierigkeiten mit der Thematik unausgesprochen mit in das Gespräch.

Räumliche, zeitliche und atmosphärische Gestaltung des Erstgesprächs

Ein gutes Erstgespräch braucht Raum und Zeit. Sinnvoll ist ein störungsfreier, angenehmer Raum. Sie bzw. das Aufklärungsteam sollten sich Zeit nehmen und auch noch einen Zeitpuffer einbauen, um nicht unter Druck zu geraten.

Aber es geht nicht nur um den äußeren Rahmen, den ein solches Gespräch fordert, es geht auch darum, den Eltern Raum und Zeit zu lassen, in ihrem Tempo, in ihrer Sprache die neuen Informationen aufzunehmen und zu „verdauen"; Gelassenheit, Dinge so sein lassen, ist etwas, was Eltern im Laufe ihres langen Prozesses lernen müssen, und wir können dafür Modell sein. Angehörige brauchen in dieser seelischen Ausnahmesituation, in der für sie eine Welt einstürzt, die Standfestigkeit, Klarheit und Sicherheit des andern als Basis. Aber sie brauchen auch das Gefühl, dass der andere „mitschwingt", d. h. die Erschütterungen spürt, mitgeht, ohne seine eigene Spur zu verlieren. Sie, die Eltern, sollten das Gefühl haben, dass jemand für ihre Fragen da ist, der zuhört, sie versteht, ihre Sorgen ernst nimmt und ihr Leiden respektiert. Sachlichkeit der Informationsvermittlung und Empathie ist für mich kein Widerspruch. Vieles läuft über den nonverbalen Kanal, und die dadurch geprägte Atmosphäre ist das Boot, mit dem die schwere Fracht der Diagnose zu neuen Ufern getragen werden kann, ohne vorher unterzugehen.

Nach dem Erstgespräch sollten die Eltern möglichst Zeit und Raum haben, das Gehörte zu verarbeiten. Sie sollten das Angebot bekommen, sich Hilfe zu holen. Hier kann im Anschluss an das Gespräch der Psychologe sich unaufdringlich vorstellen, ich finde aber auch diesen Zeitpunkt noch zu früh. Nichts ist schlimmer als karitativer Terror, d. h. dass ein Helfer sich aufdrängt. Sinnvoller finde ich, wenn mit dem Arzt ein Folgetermin vereinbart wird, bei der auch die Möglichkeit einer psychologischen Beratung angeboten wird.

Menge und Art der Information im Erstgespräch
Wie etwas und wie viel an Information einem Patienten mitzuteilen ist, war und ist noch heute Gegenstand einer kontrovers geführten Diskussion.
Eine extreme Position geht z. B. bei der Eröffnung einer Krebsdiagnose davon aus, Informationen im Sinne einer paternalistischen Grundhaltung zurückzuhalten, um den Patienten nicht zu belasten. Es wird unterstellt, dass der Patient die Tragweite der Erkrankung nicht verstehen und einschätzen kann und er darum nicht an den medizinischen Entscheidungsprozessen teilhaben sollte. Eine andere extreme Position befürwortet, dem Patienten sofort sämtliche vorliegenden Informationen vorzutragen, ohne Rücksicht auf seine jeweilige Verfassung und Situation.

Ich bevorzuge eine Position dazwischen, die patientenorientierte und phasenadaptierte Aufklärung. Es handelt sich dabei um eine individuell auf die Aufnahmefähigkeit und Verarbeitungsmöglichkeiten des Patienten stufenweise wiederholte Aufklärung: Die Eltern bestimmen Umfang, Art, Inhalt und Geschwindigkeit der Aufklärung. Um in der Theatermetapher zu bleiben: Sie bekommen ein neues Drehbuch in die Hand, und man lässt ihnen Zeit, sich als Regisseur in das neue Drehbuch einzuarbeiten.

UMGANG MIT GRENZSITUATIONEN

„Verarbeitung" – was heißt das?

Die Vermittlung schmerzvoller Diagnosen beschränkt sich nicht auf das Erstgespräch, sondern mündet in den Prozess der sogenannten Krankheitsbewältigung bzw. -verarbeitung. Krankheitsverarbeitung gehört zu den Begriffen, die jeder kennt und sie nach meiner Erfahrung darum oft als „Allzweckwaffe" einsetzt bei allem, was nicht „störungsfrei" abläuft: Weinen, Depression, Lethargie, Wut, Gereiztheit, Diagnosen nicht annehmen ... Entsprechend groß scheint daher der implizite Bedeutungshof dieses Wortes zu sein, wenn wir uns nicht darüber verständigen, was wir darunter verstehen.

Vielleicht mögen Sie selbst einmal überprüfen, was Sie mit dem Begriff „Krankheitsverarbeitung" gerade im Kontext mit einem schweren Schicksalsschlag verbinden, bevor Sie weiterlesen?

- Was ist für Sie Krankheitsverarbeitung?
- Gibt es eine „gelungene" Krankheitsverarbeitung und woran würde man den Unterschied zu einer pathologischen Krankheitsverarbeitung festmachen?
- Was sind Ihre dahinter liegenden Ideen und theoretischen Überzeugungen?

Zu den impliziten Ideen über Krankheitsverarbeitung gehört, dass der Psychologe – vielleicht noch der Pfarrer – für diesen förderlichen Prozess zuständig ist. Vielleicht hat dies damit zu tun, dass die Begleiter einer Krankheitsverarbeitung heftige Gefühle sind. Ob sie ausgedrückt werden oder nicht, sie sind spürbar und machen vielen Menschen in der Umgebung der Betroffenen, auch Mitarbeitern, Angst. In einer Klinik, in der mehrere Betroffene zusammenkommen, summieren sich die damit einhergehenden Belastungen – auch für das Personal, und es besteht der verständliche Wunsch, sich selbst zu schützen. „Man" möchte das Unangenehme weg haben: Die Angehörigen sollen „fertig" werden mit dem Schicksal, sie sollen es „akzeptieren". Aus dieser Perspektive wird selten gefragt, wollen die Angehörigen überhaupt das, können sie das? Wie sähe es aus, woran erkennt man, dass sie „fertig" sind? Können Psychologen (oder Pfarrer) Verarbeitung „machen", können sie Trauer und Schmerzen „wegnehmen" – und sollen sie das überhaupt – auch im Sinne der Betroffenen?

Oft stecken hinter solchen Tendenzen, die Verzweiflung und den Umgang mit ihr an Professionelle zu delegieren, einerseits Hilflosigkeit und zum anderen auch häufig die mangelnde Möglichkeit für Mit-

arbeiter, diesen Gefühlen geschützt Platz zu machen.

Für mich ist es daher wichtig, Vorstellungen für diesen seelischen Prozess der sogenannten Verarbeitung zu gewinnen, um ein Gerüst zu haben, an dem man sich entlanghangeln kann. Wenn ein Gespenst einen Namen bekommt, ist es oft nicht mehr so erschreckend.

Exkurs – „Krankheitsverarbeitung" systemisch gesehen

Krankheitsverarbeitung ist, wie das Wort beschreibt, „Arbeit", mithilfe derer man lernt, etwas, d. h. die Krankheit bzw. das Schicksal, zu be-„wältigen". Bewältigen heißt Macht gewinnen, wieder Kontrolle gewinnen, ein neues Gleichgewicht herstellen.

Ich stelle mir in uns ein seelisches Gleichgewichtssystem vor (s. Abb. 5.2). Die folgenden Thesen gelten nach meiner Erfahrung sowohl für die Krankheitsverarbeitung der Angehörigen als auch für die der selbst betroffenen erwachsenen Patienten.

1. Verzweiflung und/oder Irritation entsteht, wenn seelisches Gleichgewicht (längerfristig) gestört ist, entweder weil
   - die Anpassung an die Umwelt mit gewohnten Mitteln nicht mehr gelingt oder
   - wenn der Zugang zu sich selbst nicht mehr mit den gewohnten Mitteln zufriedenzustellen ist, man „sich fremd" geworden ist.
2. Verzweiflung und andere Gefühle der Irritation (Wut, Trauer, Angst, Nichtwahrhaben-Wollen) sind notwendige Voraussetzungen, um den Trauerprozess um eine (mehr oder minder) verlorene Identität zu durchlaufen.
3. Der zu durchlaufende Trauer- und Bearbeitungsprozess dient der inneren Anpassung an die neuen Verhältnisse.

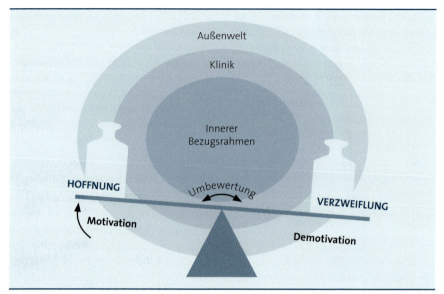

Abb. 5.2: Das seelische Gleichgewichtssystem

Er kann auch als ein Umbewertungs-
prozess gesehen werden, der bisherige
Werte (z.B. Stärken) anders gewichtet
und damit ein neues Gleichgewicht
hergestellt.

4. Zu Beginn der seelischen Erschüt-
terung sind Schwankungen zwischen Hoffnung und Verzweiflung,
zwischen Überschätzung und Un-
terschätzung der möglichen Folgen
psychohygienisch sinnvoll und auch
nachvollziehbar. Sie dienen der Herstellung eines immer neuen Gleichgewichts. In dieser Zeit sind vorü-
bergehende „Abwehrversuche" der
Verzweiflung und der Realität manchmal als gesunde Mittel zur Herstellung des inneren Gleichgewichts zu
verstehen.

5. Ob Abwehr gesund oder pathologisch
erscheint, ist nicht an ihrer Form zu
erkennen. Die „Symptome" sind in
beiden Fällen identisch:
  ■ Dinge werden nicht wahrgenom-
    men im Sinne des Nicht-Wahrha-
    ben-Wollens (Abwertung), dabei
    wird entweder

  – die Existenz von Problemen, z.B.
    eine vorhandene Merkfähigkeits-
    schwäche,
  – die Bedeutung des Problems für
    den Patienten („Auch das war
    schon immer so bei mir") oder
  – die Frage der Veränderbarkeit des
    Problems („wird schon wieder")
    oder
  – die Fähigkeit, selbst etwas an
    dem Problem zu ändern („wenn
    ich will, kann ich ...") nicht wahr-
    genommen oder richtig gewertet
    (s. Abwertungsschema, Abb. 5.4,
    S. 45).

Der Wahrnehmungsfilter wird (als Folge
oder Ursache dieser Abwertungen) dicht
oder selektiv für bestimmte Wahrnehmungen, Empfindungen und Gedanken
gemacht. Die Angehörigen nehmen z.B.
manche Informationen nicht auf. Tatsa-
chen, die gewollt oder ungewollt den Fil-
ter durchlaufen, werden ganz im Sinne des
„inneren Gleichgewichtsspiegels" mithilfe des impliziten Bezugssystems gewertet
und/oder umgedeutet. Daher kann ein und

dasselbe Ereignis je nach „Zustand" positiv, glaubwürdig, hoffnungsvoll oder negativ, unglaubwürdig und deprimierend gesehen werden. So ändert sich die Einschätzung z. B. des Zustandes des Patienten je nach dem Vergleichspunkt (vor dem Unfall oder wie drei Wochen danach). Ob eine subjektive Sicht- und Erlebensweise „gut" (im Sinne von „nützlich") oder „pathologisch" ist, ist eine Frage der Bewertung durch das Behandlungsteam. Ich komme im nächsten Abschnitt darauf.

Konfrontation ist dann notwendig, wenn die Schere zwischen berechtigter Hoffnung auf Veränderung und unrealistischer Erwartung an die Zukunft so groß wird, dass eine Enttäuschung „draußen" zu erwarten ist. Diese Enttäuschung muss durch Konfrontation „vorweggenommen" werden, um neue Lern- und Umbewertungspro-

zesse einzuleiten. Die dabei auftretende Aggression oder Demotivierung sind „normale" Begleiterscheinungen dieses inneren Prozesses und müssen in Kauf genommen werden. Gut wäre es in dieser Zeit, jemanden an der Hand zu haben, der den Angehörigen oder Betroffenen Beistand und Geborgenheit vermittelt als Gegengewicht gegen die als bedrohlich empfundene Verunsicherung. Dennoch kann ich mich dieser Erfahrung Thoméses anschließen und damit Mut machen:

„Hoffnung ist ein zähes Ding. Man hackt es ab, und es wächst wieder nach. Etwas wird weggenommen, beendet, vernichtet, und ... (an anderer Stelle) treibt die Hoffnung wieder aus" (Thomése 2004, S. 14).

Auf diese Weise ist es vielleicht möglich, sich über Jahre hinweg in einer Spirale

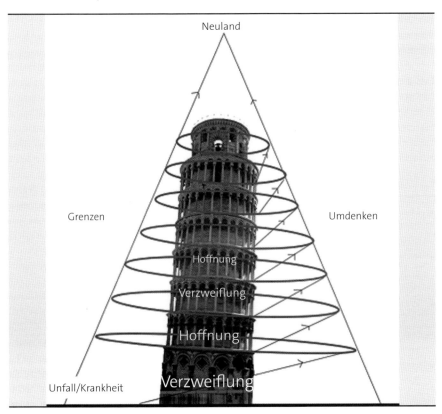

Abb. 5.3: Spirale des Verarbeitungsprozesses

fortzubewegen zu einem neuen Gleichgewicht oder einem Platz, an dem Grenzen und Möglichkeiten einen neuen Lebensraum definieren (s. Abb. 5.3).

Mit der Trauer gehen lernen – Unterstützung der Angehörigen

Es gibt eine Reihe von Coping-Modellen. Sie erklären und beschreiben den Verlauf des Verarbeitungsprozesses. Wir können anhand mancher Modelle diagnostizieren, wo ein Patient in diesem Prozess steht. Aber wenn man weiß, in welcher der möglichen Phasen sich ein Angehöriger oder auch ein Patient befindet, geht daraus noch nicht hervor, wie man ihm helfen könnte, weiterzukommen. Es fehlt uns also, um wieder in der Theatermetapher zu bleiben, das Skript, das unseren Text enthält, und wir müssen improvisieren. Im Laufe der Jahre habe ich darum versucht, uns ein Rollenbuch als Leitfaden für diese Szenen zu schreiben:

Das antithetische Handeln
In Kapitel „Was hilft" habe ich bereits das erste Prinzip, nämlich das antithetische Handeln beschrieben, das ich hier nur noch einmal stichwortartig und plakativ zusammenfasse:

- Wer nicht ein noch aus weiß, braucht ein Mehr an Information.
- Für wen das Leben nicht mehr vorhersagbar ist, der braucht umso mehr Struktur.
- Wer die Kontrolle verloren hat, möchte sich an etwas halten können, das er beeinflussen kann.
- Wenn das Vertrauen eines Menschen in die Aussagen von Fachleuten gelitten hat, dann müssen seine Vertrauenstöpfe gefüllt werden.
- Schwere Lasten müssen auf viele Schultern verteilt werden.

Noch nicht beschrieben habe ich das letzte antithetische Prinzip:

- Gegen Schweres hilft Leichteres. Damit ist nicht die von manchen Nachbarn und Bekannten oft gesagte Floskel „nimm's doch leicht" oder „es wird wieder" usw. gemeint, sondern die Arbeit mit den Ressourcen. Die Verzweiflung muss anerkannt werden, sonst verstellt diese die Tür zu den Ressourcen.

So kann man – das ist in jedem Fachbereich möglich – den Eltern helfen, sich an frühere schwierige Situationen zu erinnern, die sie gemeistert haben. Auch wenn diese nicht das Ausmaß eines Schicksalsschlages hatten, so folgten sie doch im Kleinen dem gleichen Muster und zeigen die Ressourcen der Familie und ihre Fähigkeiten, sich auch an veränderte Bedingungen anzupassen.

Definition von Wirklichkeit statt Illusion
Unter diesem Stichwort möchte ich beschreiben, was wir tun können, wenn Eltern an der Wirklichkeit verzweifeln oder unsere Wirklichkeit in Frage stellen. Ich möchte dies an einem Beispiel zeigen: Patient ist ein elf Monate alter Säugling mit postnataler Hirnschädigung, Hydrozephalus, weit in der Entwicklung zurück. Er lässt sich nicht beruhigen, hat keinen Schlaf-Wach-Rhythmus. Die Mutter macht alle unsere Behandlungsvorschläge nach zwei Tagen schlecht: *Es hilft nicht.* Wenn das Kind z. B. mithilfe von leichten Medikamenten schläft, meint sie, dass es am nächsten Tag zu müde ist, Neues zu lernen usw.

Warum wertet die Mutter unsere Behandlungsvorschläge ab und stellt sie in Frage? Hier hilft mir persönlich ein Modell aus der Transaktionsanalyse, nämlich das Abwertungsschema von Ken Mellor und Eric Schiff 1975 (Abb. 5.4, s. auch Absatz „Krankheitsverarbeitung systemisch gesehen", Punkt 5). Abwertung wird hier definiert als ein innerer Mechanismus, mit dem bestimmte Aspekte einer Person oder einer realen Situation ignoriert bzw. verfälscht

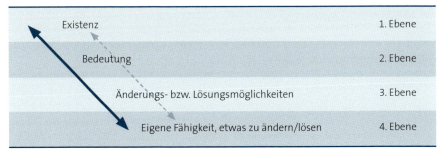

Abb. 5.4: Das (vereinfachte) Schema von K. Mellor und J. Schiff (vgl. Schiff, J. et al., S. 14ff)

werden. Sie dient u.a. dazu, den Bezugsrahmen aufrechtzuerhalten. Man erkennt Abwertungsmechanismen in der Kommunikation. Mellor und Schiff definieren verschiedene Ebenen der Abwertung, die hierarchisch aufeinander aufbauen. Daher enthält das Konzept auch Ideen darüber, in welcher Sequenz dysfunktionale Ideen und Erfahrungen konfrontiert werden müssen, und liefert damit auch für uns ganz praktikable Handlungsanweisungen:

Die erste Ebene fordert die Wahrnehmung der Existenz eines Problems, in unserem Fall: eine schwerwiegende Erkrankung. In diesem Falle sieht die Mutter durchaus, dass ihr Kind behindert ist.

In der zweiten Ebene geht es um die Wahrnehmung der Bedeutung des Problems: z.B. es handelt sich nicht um eine kurzfristige Krankheit, sondern u.U. um eine lebenslange Behinderung. Auf dieser Ebene bewegt sich die Mutter aus unserem Beispiel: Sie sieht die Behinderung, möchte sie aber in ihrem Ausmaß nicht wahrnehmen, die Störungen sollen möglichst rasch „weggemacht" werden, das Kind soll ohne „künstliche" Hilfe wie mit Medikamenten wie ein normales Kind ein- und durchschlafen können.

Die dritte Ebene fragt nach der Wahrnehmung von Möglichkeiten von Lösungen im Umgang mit dem Problem. In unserem Fall ging es um die Wahrnehmung verschiedener Therapiemöglichkeiten, Veränderung der Organisation im Alltag, Annahme von Unterstützungen etc.

Auf der letzten Ebene geht es um die Wahrnehmung der eigenen Fähigkeiten, diese Änderungsmöglichkeiten umzusetzen: In unserem Fall hätte die Mutter sich z.B. auf der vierten Ebene bewegt, wenn sie das Ausmaß der Behinderung und die Möglichkeiten, medikamentös und therapeutisch das Ausmaß der Störungen zu beeinflussen, wahrgenommen und ihren Alltag mit dieser und anderer Hilfe so organisiert hätte, dass das Kind und sie selbst eine neue Lebensqualität erhalten hätten.

In unserem Fall aber fokussierte das Behandlungsteam auf der dritten Ebene der Hilfsmöglichkeiten, und die Mutter bewegte sich, wie sich für mich herausstellte, noch auf der zweiten Ebene: Sie hatte noch nicht wahrgenommen oder konnte noch nicht wahrnehmen, dass ihr Kind so behindert war, dass es schnelle Lösungen nicht geben konnte. Wichtig war darum, einen Schritt zurückzugehen und sie nochmals mit der Bedeutung der Erkrankung zu konfrontieren.

Mithilfe dieses Modells ist es möglich zu diagnostizieren, woran es liegt, dass Angehörige und Betroffene in ihrem Anpassungsprozess stecken bleiben bzw. warum unsere Unterstützung oder unsere Botschaften nicht so ankommen, wie wir wünschen. Das Modell definiert damit aber auch, wo – auf welcher Ebene – die Hilfe und damit unter Umständen die Konfrontation ansetzen muss. Das heißt, in diesem Falle hilft es nicht, mit der Mutter über Therapiemöglichkeiten (Änderungsmöglichkeiten) zu sprechen, wenn sie das Ausmaß der Krankheit, (Bedeutungsebene) nicht erkennt. Man muss auf diese Ebene zurückgehen.

„Man wächst an den Herausforderungen." Herausforderungen so zu definieren, dass sie zu bewältigen sind, das erscheint mir als eine unserer Aufgaben im weiteren Prozess der Vermittlung schmerzvoller Diagnosen. Wie in dem eben vorgestellten Fall bleiben Angehörige manchmal in Zwickmühlen hängen, das heißt, sie formulieren ihr Problem so, dass es keine Lösung geben kann, wie die Mutter im Beispiel. Unsere Aufgabe ist es dann, das Problem so zu definieren, dass es lösbar wird.

Ich möchte Ihnen als weiteres Beispiel für das verzweifelte Festhalten an unlösbaren Fragestellungen den Traum einer Mutter vorstellen. Ihre Tochter, fast zwei Jahre, hatte fünf Monate zuvor einen Schlaganfall erlitten und war infolgedessen in ihrer Entwicklung weit hinter ihrem Zwillingsbruder zurückgeblieben. Eine Hoffnung, dass sie den Rückstand wieder aufholen würde, gab es nicht. Die Mutter hielt aber verzweifelt an diesem Glauben fest. Nach der vierten Stunde erzählte sie folgenden Traum:

„Wir befinden uns in einer parallelen Existenz. Irgendwie, durch Unerklärliches, ist ein Tor zu einer anderen Existenz aufgegangen. Wir sind wie durch „Star Gate" oder einen Tunnel durchgerutscht und an einem anderen Ende des Universums, in dieser neuen, nicht gewollten, unbekannten und von Schmerzen und Sorgen geprägten Existenz aufgewacht. Wir sind hier gefangen. Aber es ist bald vorbei. Nur das Tor muss man wiederfinden. Dann kehren wir zur ursprünglichen Existenz zurück. Dann wache ich auf und denke: ‚Wir können aber auch in dieser Existenz für immer gefangen bleiben. Wo ist das Tor?' "

Dieser Traum beschreibt sehr treffend die Situation der Betroffenen: Sie sind aus ihrer gewohnten Lebenswirklichkeit hinausgeworfen worden in eine unbekannte Welt, in der sie sich nicht auskennen. Ihre Tendenz ist, sich wieder an alten Regeln zu orientieren. Diese aber funktionieren nicht mehr so, wie die Lösung im Traum verheißt: Man muss nur durch das gleiche Tor zurück. Und wenn das gar nicht die Lösung ist, und es gibt keinen Weg zurück? Der Weg zur neuen Wirklichkeit ist schmal, gefährlich, man kann abstürzen. Ich vergleiche ihn mit einem Drahtseilakt. Man muss sich vor dem Fall durch ein Auffangnetz schützen. Mit diesem Bild arbeite ich und stelle dann „Was-wäre-wenn-" und „Als-ob-Fragen". Stellen Sie sich z. B. vor, dass das, was Sie befürchten, eintritt, auch wenn wir das beide gar nicht wollen, was wäre dann? ...

Auf diese Weise führe ich virtuell mögliche neue Wirklichkeiten ein.

Be-Sinnung statt Sinnlosigkeit

Die Angehörigen müssen – allein durch das Ansprechen – die neue Wirklichkeit be-denken, sich neu be-sinnen. Mit dieser Sinnfrage muss vorsichtig umgegangen werden, obwohl sie die Betroffenen von Anfang an zu stellen scheinen. Hinter ihrem „Warum" (warum mein Kind, mein Partner, warum diese Krankheit) verbirgt sich am Anfang mehr die Suche nach einer Begründung, um wieder Kontrolle über das Geschehen zu bekommen. Wenn ich weiß, warum etwas geschieht, kann ich in Zukunft solche Gefahren vermeiden. Diese Warum-Frage führt jedoch nicht weiter und muss übergeleitet werden in die Frage „wozu", das heißt, welchen neuen Sinn kann ich diesem veränderten Leben nun geben.

Ein Unfall oder eine schwere Erkrankung oder Behinderung, die diagnostiziert werden, kann in den Augen der Angehörigen niemals per se sinnvoll sein. Ich halte auch absolut nichts von den Hymnen positiven

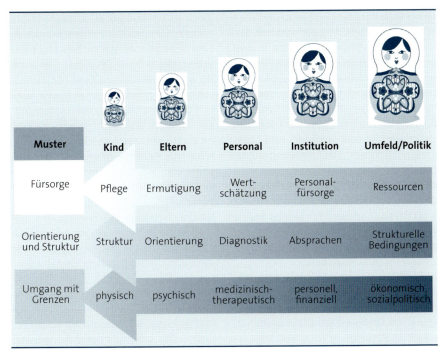

Abb. 5.5: Das Prinzip der russischen Puppe in der Frührehabilitation

Denkens, die manchmal viel zu früh gesungen werden. Verzweiflung und Trauer brauchen, wie ich schon sagte, ihre Zeit und ihren Raum.

Irgendwann, meist, wenn sich kleinere Fortschritte einstellen, wenn Therapien ein Stück Entlastungsmöglichkeiten ahnen lassen, wenn also die Angehörigen in dem Abwertungsmodell Ebene 3 (Hilfsmöglichkeiten) erreicht haben, das heißt, die Möglichkeiten wahrnehmen, sich an dieses veränderte Leben anzupassen, öffnen sich meist auch innere Räume für neue Sinnfragen, für eine Neubesinnung, die man als Mitarbeiter gut unterstützen kann – wenn man mag und wenn es einem liegt. Ich selbst arbeite an dieser Stelle gerne mit Metaphern oder Geschichten. Kleine Samenkörner werden dabei gepflanzt, die mit der Zeit aufgehen werden.

Bewältigungsprozesse sind m. E. eine unendliche Geschichte, die nie endet, wie die eigene Entwicklung. Wir sagen ja auch nicht, wir sind „fertig" mit uns. Auch die eigene Entwicklung und veränderte Lebensumstände erfordern immer wieder Neuanpassungen.

Mit Grenzsituationen leben und dabei arbeiten können – Unterstützung des Personals

Auch wir Mitarbeiter sind ein Teil des „Mobile Hirnschädigung", das für sein Gleichgewicht an seinen eigenen Strängen arbeiten muss. Unser Mobilteil hängt dabei u. U. wiederum an der Aufhängung „Institution" und diese wiederum ist – wie viele andere Institutionen bzw. Mobilteile dieser Ebene – an dem Strang Gesellschaft/Politik befestigt.

Die Abbildung 5.5 der russischen Puppen zeigt fünf verschiedene „Schnüre" des Mobiles „Hirnschädigung und ihre Folgen". Die Pfeile zeigen, wie Veränderung von rechts nach links die gleichen inhaltlichen Muster bzw. ihr Gleichgewicht auf den verschiedenen Ebenen verändern. Es geht beispielhaft um drei wesentliche Themen im Bereich der Rehabilitation, die sowohl für das Kind, die Eltern, das Personal, die Institution als gesellschaftliche Grundbedingung wichtig sind, nämlich „Fürsorge", „Orientierung und Struktur" und „Umgang mit Grenzen". Die Abbildung soll neben diesen Zusammenhängen verdeutlichen, dass die Lösung grundlegender Hindernisse bei der Arbeit manchmal eher effektiver auf anderen Ebenen zu finden wäre. Ich versuche, diesen Gedanken anhand des ersten Musters (oberster Pfeil) „Fürsorge" zu beschreiben.

Es ist einsichtig, dass ein Kind grundsätzlich und besonders nach einer Hirnschädigung Pflege braucht, die es vor allem durch die Eltern erhält. Diese brauchen ebenfalls Fürsorge in Form von Ermutigung, Bestätigung, Feedback, Entlastung, Verständnis usw., um diese schwere Arbeit durchzustehen. Diese tägliche Unterstützung wird zu großen Teilen vom Krankenhauspersonal erbracht. Um diese und ihre jeweilige Facharbeit zu leisten, braucht auch das Personal Fürsorge bzw. „Tankstellen" z. B. in Form von Wertschätzung ihrer Arbeit. Damit diese Wertschätzung Raum bekommt, braucht es von Seiten der Institution Personalfürsorge. Eine gute Personalfürsorge braucht jedoch genügend Ressourcen. Wir alle erleben ja gerade, dass dem gut ausgebildeten und hochmotivierten Personal bei der derzeitigen Arbeitsverdichtung wenig Raum für die eigene Erholung bleibt. Ein Appell an das Personal, sich mehr um die Eltern zu kümmern, ist unter diesen Bedingungen sehr kontraproduktiv und wirkt sich auf die unteren Ebenen bis hin zum Kind aus.

Ähnlich verändert sich das Muster „Orientierung und Struktur". Sowohl das erwachende Kind als auch die oft traumatisierten Eltern brauchen Orientierung und Struktur. Fehlt diese auf den vorhergehenden Ebenen zum Beispiel in Form mangelnder Absprachen oder einer schlechten Infrastruktur, hat dies auch für die Eltern und das Kind Bedeutung. Schließlich muss auf jeder Ebene auch mit den gesetzten Grenzen umgegangen werden. Wird auf irgendeiner Ebene diese Grenzsetzung nicht akzeptiert, wird die Verantwortung oft fälschlicherweise auf die nächsthöhere Ebene verlagert und das eigentliche Problem verschoben: „... Wenn sie mehr Personal hätten, wenn sie bessere Medizin machen würden, wenn wir einen höheren Krankenhaussatz hätten, dann würde mein Kind gesund, meine Therapie wirken usw."

In diesem Abschnitt möchte ich die Stränge Personal und Institution herausgreifen und befragen, was Mitarbeiter brauchen, um ihr Gleichgewicht unter den schwierigen Bedingungen der täglichen Arbeit mit Hirngeschädigten und ihren Familien immer wieder zu erlangen. Für sie gelten ähnliche Prinzipien wie die unter Kapitel „Mit der Trauer gehen lernen – Unterstützung der Angehörigen" für Angehörige beschrieben – und zwar:

Das antithetische Handeln

Je schwerer es ist, desto „leichter" muss ich es mir machen
Die Schale einer Waage kann nur eine Zeitlang einseitig belastet werden, dann muss man für den nährenden Ausgleich auf der anderen Seite sorgen: eine Pause, ein Frühstück, Lachen mit Kollegen, eine Zigarette oder – gesünder – eine Atempause, ein Gang in eine andere Abteilung, ein Gespräch usw.

Wo vieles in Frage gestellt wird, braucht man viel Information
Dabei geht es nicht nur um den Informationsaustausch zwischen Mitarbeitern und zwischen Teams, sondern auch um regelmäßige Fortbildungsangebote. Dar-

unter können dann z. B. auch Selbsterfahrungsübungen vermittelt werden.

Teamarbeit statt Einzelüberlebenskampf
Die Einbindung in ein gut funktionierendes Team gibt die notwendige Geborgenheit, den Rückhalt, den Schutz und die emotionale Nahrung als einen Teil der Energie zurück, die der Mitarbeiter im Umgang mit den Patienten verbraucht. Gute Teamarbeit braucht allerdings Pflege und Zeit. Hier kommen oft Institutionen und Politik ins Spiel, die sparen wollen. Ich bin der Überzeugung, dass sich Seelen nicht an verabredete Arbeitsmengen halten. Sie fordern ihre Pausen ein – entweder durch inoffizielle Time-outs (die sich nachher in Überstunden zeigen), durch innere Emigration, durch Burn-out oder durch Krankheitszeiten. Vielleicht wären offizielle Pausen- bzw. Teamzeiten ökonomischer. Gesünder sind sie auf jeden Fall. Im Team können auch Absprachen getroffen werden, wie Entlastung für Einzelne zu erreichen ist:

Schwere Lasten auf viele Schultern verteilen
Manche Patienten und manche Familien kosten mehr Kräfte als andere. Es ist wichtig, auch bei sich selbst zu schauen, ob man eine gesunde Durchmischung der Patienten hat, die man therapiert bzw. pflegt.

Standpunkt und Grenzen definieren

Die sozioemotionale Unterstützung ist das eine Standbein. Um einen stabilen Standpunkt zu finden, brauche ich ein zweites Standbein, und das ist für mich eine ganz klare Definition meiner Berufsrolle.
Wer in einem medizinisch-pflegerischen Beruf arbeitet, gerät leicht in die Gefahr, ein Helfersyndrom zu entwickeln bzw. auszuleben. Ihm geht es dann wie Sisyphus: Er stemmt eine Last nach der anderen hoch. Aber wie sehr er sich anstrengt, es folgt ein kranker Patient nach dem an-

deren, und ein richtige Erfolgsgefühl stellt sich so selten ein. Darum ist es wichtig, die eigene Rolle klar zu definieren:
Was ist meine Aufgabe als Krankengymnast, Arzt, Psychologe, Pfleger, Ergotherapeut usw.? Wer definiert diese Aufgabe? Gibt es unterschiedliche Sichtweisen, die dann (von wem?) zu klären sind? Ist diese Aufgabenstellung in dem mir zur Verfügung stehenden Rahmen realistisch? Wenn nicht, wen muss ich ansprechen, um eine Korrektur herbeizuführen? Was sind konkret meine (z. B. heutigen) Möglichkeiten zu handeln und wo sind meine Grenzen? Um diese Frage zu beantworten, ist es wichtig, sich über die eigenen Grenzen (persönlicher, fachlicher und zeitlicher Art) klar zu werden. So bin ich vielleicht aufgrund meiner Persönlichkeit für manche Aufgabenstellungen weniger – oder aber auch mehr – ausgestattet als andere Kollegen. Oder der eine besitzt eine Ausbildung, die in diesem Falle weiter führt usw.
Nach meiner Meinung sollte man am Ende eines Arbeitstages nach Hause gehen mit der Frage: „Habe ich heute alles gemacht, was mir in dieser Zeit (und für mich selbst psychohygienisch vertretbar) möglich war zu tun? Ich kann mit den mir zur Verfügung stehenden Mitteln nicht alle Probleme gleichzeitig lösen."

Mit Grenzen und Verzweiflung leben lernen

Wenn es eines gibt, was ich bei der Arbeit mit Hirnverletzten und ihren Familien gelernt habe, dann ist das, mit Grenzen zu leben, und dafür bin ich sehr dankbar. Es ist dennoch ein schmerzlicher Weg, den man auch als Mitarbeiter durchleben muss. Es ist wie das Erwachsenwerden: Kindliche Illusionen und vielleicht damit verbundene narzisstische Allmachtsphantasien werden Stück für Stück durch die Grenzsetzungen der Realität abgelöst: die Medizin, die nicht alles repariert, die eigene Therapieform, die an der Praxis ihre Grenzen findet, die Patienten und die Familien, die vielleicht nicht auf die gleiche Weise wie man selbst den Wert der geleisteten Arbeit wahrnehmen und würdigen usw. Für manchen hängt an dieser Herausforderung ein Stück persönlicher Geschichte (Umgang mit Trauer, Verzweiflung, Schwäche, Krankheit oder Tod von Familienangehörigen), die er nun entweder bearbeiten, loslassen oder weiter mit sich herumtragen kann.

Je mehr man Grenzpfähle einschlagen kann, desto freier fließt die Energie in den so definierten neuen Spiel- und Handlungsraum und befriedigt: „Ich habe getan, was ich tun konnte" – und mehr geht nicht. Damit kann man ein Stück Arbeit hinter sich lassen und sich der Ressourcenarbeit privat widmen. Diesen Ausgleich halte ich für ganz wesentlich.

6
Veränderung des Verhaltens und Erlebens nach einer Hirnschädigung – Fallgeschichten

„Eine schwere Gehirnverletzung zerstört manchmal die Feinabstimmung der psychischen Abläufe, sodass die Persönlichkeit ‚grobkörniger‘ zutage tritt. Eltern bestätigen uns oft, dass ihr Kind so eigentlich schon immer gewesen sei, nur nicht ganz so deutlich. Ein ordentliches Kind erscheint nun übergenau! Ein Kind, das vorher schon ‚schwer in die Gänge kam‘, wirkt nun antriebslos; das Kind, das bisher ‚nur‘ als temperamentvoll galt, zeigt sich jetzt jähzornig usw." (Gérard et al. 1996, S. 88)

Leider gilt diese Regel auch für schon vor dem Unfall bestehende störende Verhaltensweisen. Auch sie setzen sich fort, gehen unter Umständen eine neue Allianz mit der Erkrankung ein, nutzen sie und machen sie auf neue Weise „stimmig". Sie sind darum viel schwieriger zu behandeln als zuvor, da die Patienten nun auch oft noch weniger differenziert verarbeiten können und ihre Veränderungskapazität eingeschränkter ist. Schließlich gibt es noch eine Form der Verhaltensänderung, die eher als psychische Reaktion auf den Schicksalsschlag zu erklären ist.
Alle drei möglichen Formen der Veränderung, die man dem Verhalten nicht a priori ansieht (s. Abb. 6.1), brauchen – neben der zu Beginn des Buches beschriebenen Spezialbehandlung mit „SHT-Brille" – unterschiedliche Formen der Reaktion und des Umgangs. Auf diese Weise besteht natürlich die Gefahr, jemanden ungerecht zu behandeln und ihn z. B. für ein Verhalten verantwortlich zu machen, das er aufgrund organischer Bedingungen gar nicht verantworten kann. Umgekehrt ist ein prämorbides „Schlitzohr" durchaus in der Lage, unsere diagnostische Unsicherheit auszunutzen und sich „behinderter" zu geben, als er ist. Ein anderes Beispiel für den verwirrenden Spielraum möglicher Interventionen, die in dem einen Fall nützlich, in dem anderen Fall eher ein mögliches Gleichgewicht erschweren, ist jemand, der sich nach dem Unfall schlecht von inneren oder äußeren atmosphärischen Reizen dissoziieren kann. Diesem tun wir keinen Gefallen, wenn wir ihn auf seinen Unfall ansprechen und damit (Tränen-)Schleusen öffnen, die er selbst nicht schließen kann. Hier ist es von Fall zu Fall hilfreicher, mit positiven Ankerreizen zu arbeiten und ihn entgegen allen Therapieempfehlungen (die aber für „nicht Frontalhirn geschädigte Trauernde" gedacht sind) abzulenken. In wieder einem anderen Fall werden wir dem Patienten nicht gerecht, wenn wir seine Tränen nicht ernst nehmen und ihn stattdessen liebevoll begleiten würden. Um es ganz kompliziert zu machen: Auch unser prämorbides „Schlitzohr", das unser Mitleid für Tränen ausnutzt, ist manchmal einfach nur traurig und braucht Beistand.
Aus dieser diagnostischen Unsicherheit heraus erwachsen auf Station, in Institutionen und in Familien Konfliktspiralen, deren Ausmaß man durch eine gute Dia-

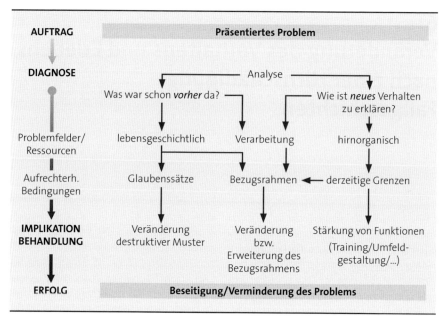

Abb. 6.1: Diagnoseschema

gnostik mit all ihren Implikationen verringern kann. Doch wie sollen wir anhand des präsentierten Verhaltens erkennen, welche Ursachen sich dahinter verbergen? Hierfür möchte ich Ihnen in Abbildung 6.1 ein Schema vorstellen, das sich wie folgt liest: Nehmen wir einen Patienten, der wenig motiviert erscheint, den man „zu den Therapien tragen" muss und der die Nerven seiner Betreuer strapaziert. Nun stellt sich die Frage, die wir an Eltern, Freunde, Partner, Schule richten können: „War er schon vorher so träge?"

Nehmen wir an, die neuropsychologische und medizinische Diagnostik würde Hinweise auf eine organische Antriebsschwäche geben, dann würde man an dem rechten Strang im Sinne einer Kontexttherapie wie zu Beginn des Buches beschrieben weiterarbeiten. Das Personal wüsste, der Patient kommt nicht aus eigener Kraft in die Gänge und würde z. B. einen „externen Motor" einsetzen, der ihn zu den Therapien bringt, einen Zivi, einen Bringdienst, einen Nachbarn usw.

Angenommen, die neuropsychologische und medizinische Diagnostik findet keine zusätzlichen Hinweise, dann wäre die Frage, wie der Patient früher auf Misserfolge reagiert hat (oder reagiert hätte). Hier würde man erfahren, dass er ähnliche Reaktionen gezeigt hatte, als ... und davon ausgehen (mittlerer Strang), dass es sich um eine Verarbeitungsreaktion handelt, bei der man ihm Unterstützung geben kann. Es wäre z. B. für ihn wichtig, sich andere Ziele zu setzen und sich dafür zu belohnen. Möglicherweise (im Übrigen ein sehr häufiges Phänomen) benutzt er noch die alten Ziele („so wie früher") und kann daher keine Erfolge erleben. So würde man ihm also helfen, seinen Bezugsrahmen auf die neue Situation hin zu erweitern. Dies kann im Gespräch mit anderen Patienten, mit der Pflege, mit den nicht psychologischen Therapeuten oder mit dem Psychologen geschehen.

Es kann aber auch sein, dass dieses ehrgeizige Muster, das der Patient früher gezeigt hat, schon etwas Pathologisches hatte. Es war vielleicht verbunden mit dem Glaubenssatz: „Nur wenn ich (überall) Spitze bin, bin ich liebenswert." Durch den Unfall meint er nun, jede Lebens- und Liebeschance verloren zu haben. Ob man nun an dem linken Strang weiterarbeiten muss, zeigt sich spätestens auf der Ebene der Glaubenssätze. Finden sich hier entsprechende dysfunktionale Muster, braucht der Patient auf jeden Fall eine Form der psychologischen Unterstützung.

In allen drei Fällen muss jedoch immer auch mit bedacht werden, welche kognitiven und emotionalen Werkzeuge dem Patienten nach der Hirnschädigung zur Verfügung stehen. Diese Grundvoraussetzungen des Verstehens und Verständnis beim Patienten werden die Form der Behandlung und das Ausmaß ihres Erfolges bestimmen. Insofern ist für mich jede Anwendung einer Psychotherapie, die diese Voraussetzungen berücksichtigt und die neuropsychologischen, medizinischen Informationen und ihre Implikationen einbezieht, neuropsychologische Psychotherapie.

Ich werde im Folgenden verschiedene Fallgeschichten erzählen, die typische Verhaltensweisen mit recht unterschiedlichen Ursachen und Behandlungserfolgen zeigen. Am Ende möchte ich von einem ganz besonderen Fall berichten, in dem es uns gelungen ist, eine Folge von 24 schwersten Unfällen in einer Großfamilie zu stoppen.

LEISTEN – UNTER ALLEN UMSTÄNDEN?

Wenn Sie sich Werbung anschauen oder anhören, geht es meistens um Superlative: der Beste, Schnellste, Schönste usw. zu sein. Ein Schädelhirntrauma zu erleiden, bedeutet darum oft auch, sich – leistungsmäßig – neu positionieren zu müssen. Für die Patienten, für die das Leistungsthema vor der Erkrankung hoch

besetzt war, wird die Auseinandersetzung mit diesem Aspekt zu einer besonderen Herausforderung. Wie unterschiedlich Patienten jedoch mit dieser Auseinandersetzung umgehen, zeigen die folgenden drei Beispiele.

Fallbeispiel 5 – Natascha: „Ich kann nichts – ich bin nichts"

Natascha, damals 17 Jahre alt, wertete jeglichen Therapieerfolg zur Verzweiflung ihrer Therapeuten ab (*„Das ist doch nichts"*), jede kleinste Kritik dagegen nahm sie bestätigend an (*„siehste"*). Auch auf psychosozialer Ebene schottete sie sich gegen jegliches korrigierendes Feedback auf die gleiche Weise ab, sodass wir „so" nicht weiterkamen. Gespräche mit den Eltern ergaben, dass Natascha schon vor ihrem Unfall ein sehr geringes Selbstwertgefühl gezeigt hatte. Nun kam aber hinzu, dass sie aufgrund ihrer hirnorganischen Schädigung feine Unterschiede nicht mehr so genau wahrnahm.

Ich möchte an Nataschas Beispiel vier typische Phänomene im Umgang mit hirngeschädigten Patienten zeigen:

1. Wie die Kombination von Hirnschädigung mit ihren Folgen plus einem prämorbid bestehenden Problem zu einem sich selbst verstärkenden Teufelskreis führt (s. Abb. 6.2)
2. Wie sich gleiche Muster auf unterschiedlichen Ebenen zeigen (Leistungsebene, psychosoziale Ebene) und sich von daher die Frage stellt, wo man am besten ansetzt (s. Kap. 3)
3. Dass es wichtig ist zu unterscheiden zwischen Therapiemüdigkeit, die sich als Reaktion auf den Schicksalsschlag herausstellt, und einer Therapiemüdigkeit wie bei Natascha, hinter der sich ein schon länger bestehendes Lebensmuster verbirgt. Denn Letztere (und die Mischung beider Phänomene) verlangt auf jeden Fall die Einbeziehung einer psychologisch geschulten Fachkraft.

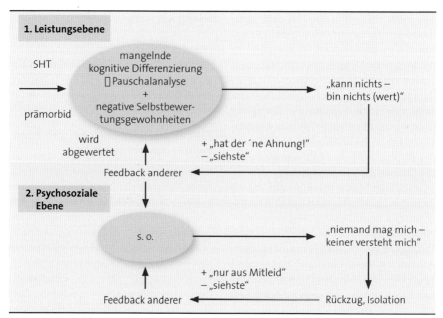

Abb. 6.2: Das Erleben von Defiziten nach hirnorganischer Schädigung bei Natascha

4. Diese Fachkraft braucht neuropsychologisches Know-how. Hier kann also gezeigt werden, dass mit einer „normalen" Psychotherapie bei Natascha nicht weiterzukommen ist, denn sie verarbeitet nicht „normal-neurotisch" wie andere und wie sie selbst vorher. Es ist, als ob nun ihre Zugangstür doppelt abgesichert ist. Sie sieht grobkörniger, kann daher die feinen Erfolge, die sie z.B. in der Physiotherapie erreicht, nicht wahrnehmen: nicht instrumentell, d.h. mithilfe ihres Verstandes, und auch nicht psychisch im Sinne ihrer gewohnten Abwertung von möglichen Erfolgen.

Schließlich kann ich anhand Nataschas Beispiels deutlicher machen, wie eine Behandlung für sie aussähe: Aus meiner Erfahrung sind Psychotherapien, die sich nur auf Gespräche, aufdeckend, spiegelnd, analytisch oder wie auch immer, gerade wenn noch Gedächtnisprobleme hinzukommen, stützen, in diesem Falle kraftzehrend, ermüdend und meistens nicht erfolgversprechend.

Hilfreicher ist es, direkt „vor Ort" zu arbeiten, z.B. durch Supervision der Körpertherapeuten und des übrigen Personals.
In diesem Falle ging es um Folgendes:

- Es musste mit Natascha ein Ziel in jedem Therapiebereich gefunden werden, das erreichbar war. Es musste attraktiv sein, in kleinere Teilziele zerlegt werden und messbar sein, z.B. alleine in die Cafeteria gehen können. Dies bedeutet Treppen zu steigen, Belastbarkeit für eine Stunde usw.

- In jeder Stunde musste klar sein, was das messbare (und unbedingt erreichbare) Teilziel ist (z.B. 10 Min. stehen, nächste Woche 15 Min. usw.). Dies sollte möglichst klar grafisch dargestellt sein, sodass auch Nataschas jeweilige Position darin abzulesen wäre.

- Natascha musste nach jeder Stunde angeben, wo sie sich – nach ihrer Ansicht – befindet. Sie wurde anschließend sofort bildhaft korrigiert durch ihre reale Position auf dem Plan.

- Diskussionen wurden untersagt („Stopp"). Natascha sollte auf Lob mit „danke" reagieren — auch dies ein Versuch, alte Muster des „Aber-Nachdieselns" zu unterbinden.

Wie man erkennen kann, sind nicht die einzelnen therapeutischen Strategien neu. Neu ist in diesem Zusammenhang das Arbeiten nach dem Prinzip „Was innen fehlt, muss von außen ersetzt werden". Hier ist es das fehlende Differenzierungsvermögen, das dadurch „ersetzt" wird, dass die Wirklichkeit kontrastierender, pointierter, für unseren Kopf vielleicht übertriebener der Patientin „vor Augen gehalten" wird. Ich finde, dass die Arbeit direkt an der Wirklichkeit, im Tun, die effektivste Hilfe ist, da – wie man heute weiß – das innere Dabeisein, die Emotion, der beste Transporter für das Lernen ist, besonders bei Hirngeschädigten.

Fallbeispiel 6 – Eric: „Ich zeig es euch – und wenn ich dabei draufgehe"

Anders als bei Natascha hatte Eric, 17 Jahre, keinen Leidensdruck. Er stammte aus einem gutbürgerlichen Elternhaus. Sein Vater besaß ein Geschäft, in dem reiche Kundschaft verkehrte. Beide Eltern legten großem Wert auf ein gepflegtes Äußeres und gute Umgangsformen. Sie hatten zwei Kinder, eine schon verheiratete Tochter und Eric. Insgeheim hofften sie, dass ihr Sohn später das Geschäft übernehmen würde. Eric schien den Druck zu spüren. Schon längere Zeit vor dem Unfall ließ er die Eltern merken, dass nur er selbst über sich entscheiden würde: Er arbeitete für die Schule nur mäßig und sackte in den Leistungen ab. Sobald er aber den Bescheid „Versetzung gefährdet" erhielt und vielleicht auch die Gefahr bestand, er müsste von der Schule, strengte er sich an, schrieb, da er begabt war, gute Noten und wurde wieder versetzt. Die Eltern begannen wieder, neue Hoffnung zu schöpfen, und das Spiel begann von vorne.

Auf diese Weise geschah auch der Unfall: Er fiel volltrunken vom Barhocker und zog sich ein schweres Schädelhirntrauma mit einer linksseitigen Halbseitenlähmung und einen Hemineglect zu. Wir lernten ihn als ein sympathisches Schlitzohr kennen, das auch bald uns Therapeuten mit seinem Charme um den Finger wickeln konnte. Das Klinikleben und die damit verbundene „Auszeit" vom heimischen Leistungsdruck waren ihm sichtlich nicht unangenehm, er wurde versorgt und hatte dennoch seine (Leistungs-) Freiheit.

Nachdem er aber auch bei uns „seine Hausaufgaben" nicht machte, drohten wir mit Entlassung. Wie durch ein Wunder arbeitete Eric wieder mit, bis alle zufrieden waren und nicht mehr von Entlassung sprachen. Für Eric bestätigten sich alte Erfahrungen und auch Glaubenssätze *„Wenn ich nur will, kann ich"* und *„Euch werde ich es zeigen".* So drehten wir gemeinsam ein paar Runden, ohne etwas am Muster zu ändern. Wir versuchten dann, die Glaubenssätze zu „utilisieren" und uns in die Kontrollposition zu bringen: Wir vermittelten ihm, dass wir überzeugt seien, dass er das Laufen an einer Gehhilfe lernen könnte, dass wir ihm aber nicht die Disziplin und Anstrengungsbereitschaft zutrauten, diese Aufgabe umzusetzen. Wenn er allerdings entgegen unserer Überzeugung durch häusliche Physiotherapie dennoch das Laufen erlernte, gäben wir uns geschlagen und würden ihn wieder aufnehmen. Eric grinste und sagte: *„Ich werde es euch zeigen!"* Und siehe da, nach acht Wochen zog er triumphierend – zwar windschief wie der schiefe Turm von Pisa – aber auf einer Gehhilfe laufend bei uns wieder ein. Das Spiel begann von vorne.

Es ist uns und auch nachfolgenden engagierten Helfern nicht gelungen, das Muster zu durchbrechen. Eric lebt heute in einem Wohnheim für Alkoholiker. Ich habe ihn noch manchmal windschief auf der Straße bettelnd gesehen.

Niemand kann sagen, ob Eric ohne Schädel-hirntrauma die Kurve gekriegt hätte und sei-nen Weg auch ohne Rebellion gefunden hät-te. Mit seiner Hirnverletzung jedoch schien er den Schlüssel zur Ausgangstür in ein er-wachsenes Denken verloren zu haben und lebte noch eine Weile mit der Scheinillusion, Kontrolle über seine Umwelt zu haben. So endete seine Geschichte wie ein tragisches Skript *„Ich zeig es euch – und wenn ich dabei draufgehe."*

▶ Fallbeispiel 7 – Martin und die schmerzhafte Veränderung

Ganz anders verlief die Entwicklung Martins. Sein Fall zeigt, wie schmerzhaft die plötzliche Veränderung empfunden wird, wie existen-ziell dadurch das eigene (Er-)Leben erschüt-tert wird, wie sehr er um ein neues Gleich-gewicht ringen muss und wieviel Zeit die-se Auseinandersetzung braucht. Dieser Fall zeigt aber auch eindrücklich, wie hilfreich eine Familie und ein Umfeld ist, das diesen Kampf einerseits realistisch, andererseits aber auch liebevoll begrenzt und steuert.

Martin, 14 Jahre, war der Sonnenschein und Stolz seiner Familie. Eine ältere Schwester hatte als Säugling eine Enzephalitis erlit-ten. Sie musste eine Schule für Lernbehin-derte besuchen, bevor sie später doch noch den Hauptschulabschluss machen konnte. Der jüngere Bruder litt wohl unter dem leis-tungsstarken Martin und musste eher zum Arbeiten angehalten werden.

Martin war Klassenbester, besuchte da-mals die 8. Klasse der Realschule, spielte begeistert und leidenschaftlich Tennis und Fußball und fuhr Mountainbike. Er enga-gierte sich sozial in der Kirchengemein-de. Auch äußerlich entsprach er dem Ideal vieler Mütter: hübsch, freundlich – abgese-hen von den gelegentlichen pubertären Ge-witterschüben – höflich angepasst, fast ein wenig zu sehr, wie ich fand. Der Vater war wie Erics Vater ein mittelständischer Unter-nehmer. Die Mutter arbeitete stundenweise im Betrieb mit.

Aus dieser für Martin intakten und heilen Welt wurde er durch ein Schädelhirntrau-ma gerissen, als er beim Linksabbiegen auf dem Fahrrad von einem Pkw erfasst wurde. Lange Zeit schützte Martin das Durchgangs-syndrom davor, das Ausmaß seines Unfalls zu erkennen. Nach einem halben Jahr wur-de er jedoch zusehends damit konfrontiert, dass er vieles nicht mehr so gut konnte wie früher: Ihn beeinträchtigten Doppelbilder, auch äußerlich sah man eine leichte Fehl-stellung der Augen, sein linker Arm und das rechte Bein waren leicht ataktisch, sodass er hinkte. Seine Aphasie hatte sich gebes-sert, fiel aber in Stresszeiten und auch in der Schule noch auf. Er arbeitete verlangsamt. Am stärksten aber behinderte ihn eine deut-liche Merkfähigkeitsschwäche.

Zunächst aber setzte Martin alles daran, durch Üben wieder fit zu werden – nach sei-nem alten Glaubenssatz, der sich ja auch im früheren Leben bewährt hatte. Er arbei-tete überall äußerst motiviert mit – was im Übrigen ganz typisch für viele Patienten ist, die vorher Leistungssport betrieben haben. Dabei richtete sich sein Hauptinteresse vor allem auf seinen Körper und die Möglich-keit, wieder Sport zu treiben. Als er erkannte, dass dies nicht so schnell ging, wie er hoffte, entwickelte er immer mehr Heimwehreak-tionen. Das Zuhause wurde für ihn der Ort, wo alles in Ordnung ist. Diese Sehnsucht entsprach sicher auch symbolisch seinem Wunsch, sich auch bei sich wieder heimisch zu fühlen und sich abzusetzen von der Grup-pe der Behinderten, zu denen er nicht ge-hören wollte. Durch diese Kontrastbildung wurde für ihn die Klinik immer „schwärzer". Ihm „schmeckte" es nicht mehr, hier zu sein. Er aß immer weniger und zeigte deutliche Symptome einer Depression.

So wurde er – auch auf Wunsch der Familie – zur Therapiepause und zum „Auftanken" nach Hause beurlaubt. Es waren seit dem Unfall inzwischen elf Monate vergangen. Aber auch zu Hause entwickelte er Appe-titstörungen, bis hin zur Verweigerung der Nahrung, und deutlichen Symptomen

Martin, esse kein Eis. Doch Du bist wirklich das größte Arsch-Loch. Nichts essen. AUCH KEI N EIS. Das gilt ab dem 17.5.94

Abb. 6.3: „Denkzettel"

einer Magersucht. In der Kontrolle seines Gewichts und im Abnehmen versuchte er durch Themenverschiebung die Auseinandersetzung mit seinem behinderten Körper abzuwehren und fand in dieser Kontrolle Ersatz für seine frühere Leistungsfähigkeit (Abb. 6.3). Hinzu mischten sich pubertäre Züge. Martin war während der letzten elf Monate deutlich gewachsen und war in den Stimmbruch gekommen. Auch hier musste er sich und seinen Körper „unvorbereitet" neu und verändert erleben.

Die therapeutische Beurlaubung hatte zwar den erwünschten Effekt, dass Martin auch zu Hause mit der Realität konfrontiert wurde. Nun erlebte er aber auch dort seine Grenzen. Dies verstärkte seine depressiven Züge bis hin zu suizidalen Absichten. Er begann sich selbst sich zu hassen und sich zu „ritzen". Die psychischen Probleme eskalierten derart, dass er in einer Psychiatrie weiterbehandelt werden musste.

Über den weiteren Verlauf schreibt die Mutter – eineinhalb Jahre nach dem Unfall: „Die Schulferien im Anschluss an die stationäre Behandlung in der Psychiatrie waren für Martin und uns so richtig zum Kräfte auftanken (...). Alles wurde wieder klarer, seine Energie wurde größer, sein Ehrgeiz wuchs, natürlich auch über sich selbst hinaus, aber er konnte allmählich mit Niederschlägen besser fertig werden...," (s. a. Abb. 6.3) „was auch daran lag, dass er sich selbst nicht mehr so hasste. Er ist nur noch traurig, dass ihn seine alten Kumpels nicht mehr besuchen kommen. Das Tennisspielen hat er an den Nagel gehängt. Der Frust beim Spiel war da, weil er ja seine ... Fähigkeiten nicht in die Tat umsetzen konnte. Wochen, sogar Monate war dann sein Ziel, Triathlet zu werden. ‚Nur das bringt's!' Als mein Mann schließlich genervt nachgegeben hat und er sein Rennrad bekam, hielt die Freude höchstens zwei Wochen. Dann hat er eingesehen, dass Triathlon doch eine Nummer zu hoch für ihn ist. Schließlich wollte er ja Wettkämpfe bestreiten. Er überraschte uns dann völlig mit seiner neuesten Liebe – dem Reiten. Natürlich steck er auch da seine Ziele etwas hoch, aber ich glaube, der Umgang mit einem Tier, mit dem er sprechen und schmusen kann, das immer zuhört wie ein Freund, ist das Schöne für ihn."

Da Martin nach dem Unfall keine bildhaften Vorstellungen mehr entwickeln konnte, konnte er auch seine Zukunft nicht gedanklich vorwegnehmen, sondern musste sie im Durchleben ausprobieren. Ähnlich erging es ihm mit seinem schulischen Weg. Zunächst wollte Martin unbedingt in seine alte Klasse. Auch wenn wir alle davon ausgingen, dass er dort überfordert war, ließ er sich darauf ein, und so musste Martin schmerzlich erleben, dass er keinen Platz mehr dort fand. Nicht nur leistungsmäßig war er überfordert. Es war ihm alles auch zu laut und „zu viel". Den Schulversuch in unserer Einrichtung brach er nach wenigen Wochen ab. Er fühlte sich verloren und einsam. Er war inzwischen gewohnt, dass seine Mutter sein externes Gedächtnis war, das ihn erinnerte. Er war alleine überfordert, in dem Internat seinen Alltag zu strukturieren. Er litt wieder unter Heimweh. Er hing förmlich zwischen allen Welten: Zu seiner alten Welt gehörte er nicht mehr, als Behinderter konnte er sich noch nicht sehen. Schließlich fanden wir einen Platz in einer kleinen Gruppe für psychisch Kranke in der Klinik, in der er damals erfolgreich wegen seiner Magersucht behandelt worden war. Ich zitiere aus dem Brief der Mutter:

„Also gleich nach den Sommerferien ging es los... (Martin) hat sich auch gefreut, nach den langen Ferien zur Schule zu können. Als er heim kam, war er fix und fertig. Er wollte nicht mehr hin. Wie schon öfter, hielt er das Umfeld nicht aus. Die Kinder, die Lehrer, alles war blöd ... Auf jeden Fall waren wir schon am zweiten Tag furchtbar geschockt, besser gesagt enttäuscht, dass er sich in der Schule abgemeldet hatte und am Vormittag wieder nach Hause kam ... Das war dann auch mir zu viel. Ich habe ihm klar gemacht, dass dies seine letzte Chance ist, den Hauptschulabschluss hier zu Hause zu machen. Keine

andere Schule würde so individuell auf ihn eingehen können. ‚Ich mach nichts mehr für dich, du musst selber schauen, wie du klar kommst.' (...) Auf jeden Fall, am nächsten Tag ging er wieder zur Schule und die Unlust zog sich noch einige Wochen hin."

Er hat dann dort seinen Abschluss mit der Note 2,8 gemacht. Anschließend besuchte er für ein Jahr das Berufsvorbereitungsjahr in unserer Einrichtung für Behinderte. Danach bekam er einen Ausbildungsplatz in einer Firma derselben Branche, in der der Vater tätig ist. Martin schreibt, inzwischen 26 Jahre, d. h. elf Jahre nach dem Unfall: „Arbeiten tue ich seit jetzt vier Jahren bei einer Großhandelsfirma ... Wie du vielleicht weißt, bin ich dort im Lager beschäftigt. Manchmal gerate ich zwar leider in die Gefahr, dass mir meine Arbeit zu monoton erscheint, aber ich muss mir dann nur ins Gedächtnis rufen, wie froh vor allem ich mit meinen Voraussetzungen über meinen Arbeitsplatz sein muss ... Natürlich habe ich aber auch noch andere Hobbys ... So singe ich in einem Gospelchor ... Außerdem spiele ich in einer Band Bassgitarre. Damit hatte ich ja schon in der Reha angefangen. Wir spielen mit der Band christliche Rockmusik und begleiten damit die Gottesdienste ... Zudem spiele ich noch immer Jagdhorn, womit ich ja schon als kleiner Junge begonnen hatte ... Vielleicht kannst du dich daran erinnern, dass wir eigene Pferde haben. Mit denen reite ich gerne ... Sonst gehe ich noch gerne joggen ... aber meistens nur am Wochenende, da ich nach der Arbeit zu sehr geschafft bin ... Essprobleme habe ich keine mehr. Mein Gewicht möchte ich zwar halten, aber abnehmen will ich auch nicht mehr ... Wohnen tue ich noch zu Hause bei meinen Eltern (eigene Wohnung)...Dieses Jahr hatte ich auch schon vor, den Führerschein zu machen. Mir ging es darum, selbstständig zu sein ... (Während der Fahrstunden wurde ihm klar – Anm. der Verfasserin) ‚... dass ich mir den Führerschein aufgrund meiner Doppelbilder nicht zutraue. Ich möchte keine Gefahr für andere sein."

Martin hat mich vor einiger Zeit in der Klinik besucht. Er ist nun fast 30 Jahre alt, sieht gut aus, sportlich und muskulös. Er hat die Fehlstellung seiner Augen korrigieren lassen, ohne dass allerdings die Doppelbilder verschwunden sind. Er wirkt zufrieden und scheint ein neues Gleichgewicht gefunden zu haben.

FRONTALHIRNSCHÄDIGUNG

Symptome einer Frontalhirnschädigung gehören zu den bedrückendsten Folgen einer Hirnschädigung, da sie die Persönlichkeit, d. h. grundlegende emotionale Reaktionsweisen eines Menschen, verändern können und sich oft relativ schlecht behandeln lassen (s. Gérard et al. 1996, S. 87ff).

Den Patienten – mit einer Plussymptomatik (s. o.) – fehlt meist der innere „soziale Rückspiegel". Ihr gelerntes Wertesystem, mit dem sie Verhalten beurteilen, besteht nach wie vor, hat aber seine verhaltenssteuernde Funktion eingebüßt. Stattdessen regieren oft kleinkindhafte Impulse, die sich an Lust und Vermeidung von Unlust orientieren. Oftmals brauchen diese Patienten entweder eine Eins-zu-eins-Betreuung oder müssen in einem beschützenden Rahmen leben, in dem sie „von außen" begrenzt werden.

Einige von ihnen leiden auch unter aggressiven Impulsen, die sie nicht beherrschen können. Julian, über den ich anschließend ausführlicher berichten werde, erzählte mir in einem seiner guten Momente, er fühle sich wie ein Computer, der – ohne Gefühle – registriert, was geschieht, der aber von anderen gesteuert werde. Er habe das Gefühl, dass ihn eine fremde Macht zur Bosheit treibt. Eine achtjährige Patientin, die vor ihrem Unfall als besonders sozial und hilfreich galt, malte mir als Veranschaulichung dazu zwei Bilder (Abb. 6.4).

Abb. 6.4: Die Bilder „Entschuldige ...." (links) und „Kopfstimmen" (rechts) einer achtjährigen Patientin

Ich möchte im Folgenden über Julian, 14 Jahre, berichten, der infolge einer Meningoenzephalitis unter anderem eine ausgeprägte Frontalhirnsymptomatik entwickelte. Ich möchte an seinem Beispiel zeigen, wie hilfreich die Umsetzung der Regel „was innen fehlt, muss von außen ersetzt werden" bei einer solchen extremen Verhaltensstörung für das Personal und die Familie sein kann. Ich will zweitens mit diesem Beispiel zeigen, wie sehr auch die Patienten unter ihrer „Befremdung" leiden und wie Julian sekundäre psychische Probleme entwickelte und wie ich ihm ein ganz klein wenig bei der Bewältigung dieser psychischen Folgen helfen konnte. Zum Dritten eignet sich Julians Geschichte dazu, ein bisschen Hoffnung auf ein Stück Wiedereingliederung in das „normale" Leben zu vermitteln.

▶ **Fallbeispiel 8 – Julian, 14 Jahre**

Julian war vor seiner Erkrankung ein eher ruhiger, sensibler, introvertierter Junge, der sich viel in sein Zimmer zurückgezogen habe. Er habe gern und gut gemalt und sich für Technisches interessiert. Wenn er Probleme gehabt habe, habe er erst versucht, diese für sich zu klären und habe sie danach erst mit der Mutter besprechen können. Er habe immer schon einen starken eigenen Willen gehabt, wenn er ein Ziel erreichen wollte. Wenn er jemand nicht habe leiden können, habe er den Kontakt und z. B. auch die Mitarbeit in der Schule verweigert. Er besuchte vor der Erkrankung die 8. Klasse Hauptschule mit zufriedenstellenden Leistungen. Die Familie, zu der auch noch die vier Jahre jüngere Schwester Julians zählte, wirkte stabil und geordnet.

Bereiche	Symptome	Konsequenzen: „Was innen fehlt, muss von außen ersetzt werden."
„Psychischer Motor" (Bremse und Antrieb)	■ nicht anfangen können ■ Erstarrung ■ nicht aufhören können ■ Perseveration	→ Antrieb = Anstöße geben → Führen → Bremse = Grenzen setzen → Unterbrechen
Selbsteinschätzung ohne Maßstab	■ läuft nackt herum ■ merkt nicht, wenn er Grenzen überschreitet ■ ihm fehlt „soziale Brille", er sieht die Welt nicht durch die Augen anderer, sondern nur aus seiner Sicht ■ ihm fehlt das „Feingefühl", er nimmt nur grob wahr und versteht dann nicht mehr den Zusammenhang der Gefühle anderer mit seinem Verhalten und denkt: Die anderen „spinnen".	→ Wirkung verbal mitteilen → Soziale Regeln übersetzen (z. B. erträgliche soziale Distanz = eine Armlänge) → Anpassung an soziale Regeln fordern bzw. durch Konsequenzen formen
kleinkindhaftes Impulsniveau	■ Lust/Unlust reagiert Verhalten ■ Prinzip: „jetzt" oder gar nicht ■ „nein" aus Prinzip	→ Anwendung von Erziehungsprinzipien für frühere Altersstufen → Unangenehme Konsequenzen sofort spüren lassen

Tab. 6.1: Julian: Symptome und Konsequenzen

Verhaltenssymptome bei der Aufnahme
Julian lag viel im Bett mit unbewegtem Gesicht. Auf eine Aufforderung, etwas zu tun, schüttelte er erst einmal lange verneinend den Kopf, wobei er oft nicht mehr damit aufhören konnte. Später verneinte er erst einmal alle Bitten oder Aufgaben. Uns war zunächst nicht klar, was er konnte und was nicht. Er saß z. B. auf dem Stuhl und konnte nicht aufstehen. Oder er konnte sich nicht die Schuhe binden. Wenn er dann aber einmal in Bewegung war, konnte er diese nicht mehr beenden. Wie ein Billardball stieß er gegen Türe und Wände, wurde von diesen zurückgeworfen und konnte auch das Rückwärtslaufen nicht mehr stoppen. Es war ein Bild des Jammers. Das Treppenlaufen mit ihm war ungeheuer gefährlich. Ihn zog es ins Treppenhaus und nach unten. Hätten wir uns nicht jeweils von vorne gegen ihn gelehnt, so wäre er im Sturzflug hinuntergeflogen. Er schien seine Gefährdung nicht wahrzunehmen. Dennoch waren wir unsicher über die Deutung des Verhaltens, denn er zeigte immer ein stereotypes Grinsen. Insgesamt wirkten seine Äußerungen aggressiv oder negativistisch. Es schien ihm Spaß zu bereiten, andere zu „ärgern". So brachte er die Schwestern auf die Palme, indem er

sie nur „Schedewester" rief. Möglicherweise konnte er auch die Betreuungspersonen des Personals nicht voneinander unterscheiden, denn er nannte auch mich „Schedewester". Kognitiv zeigte er in allen gemessenen Bereichen knapp durchschnittliche Werte. Er war lediglich etwas verlangsamt und schnitt unterdurchschnittlich ab im Bereich der sozialen Wahrnehmung. Die Tabelle 6.1 zeigt Julians Verhalten fünf Monate nach seiner Aufnahme und die entsprechenden Verhaltenskonsequenzen, die wir daraus zogen.
Zehn Monate nach seiner Aufnahme zeigt Julian mehr Persönlichkeit. Auch sein Gesicht wirkt bewegter. Er kann seine Bewegungen besser stoppen und initiieren. Er zeigt mehr Interesse an seiner Umwelt und wird insgesamt führbarer. Auch kognitiv zeigt er sich deutlich gebesserter (s. Abb. 6.5).
Würde man dieses Testbild in die Hand bekommen, würde man einen durchschnittlichen jungen Mann erwarten. Dennoch fiel Julian weiterhin sehr auf: Er verhielt sich nach wie vor sehr distanzlos. Gerade draußen z. B. beim Einkaufen reagierte das soziale Umfeld sehr irritiert. Julian kratzte sich in der Öffentlichkeit an seinen Genitalien, er rückte in der Schlange ganz nah an

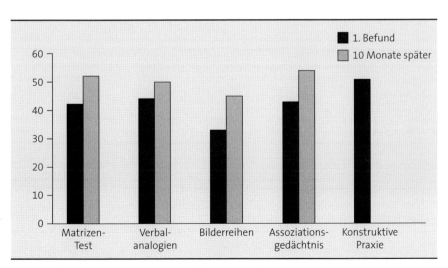

Abb. 6.5: Julians Leistungsbild 10 Monate nach Erkrankung

den Vordermann, er sprach fremde Leute an, streichelte fremde Hunde, trotz Warnung usw. Neu traten nun auch neurotische Störungen wie Stehlen und Einnässen auf: Julian fühlte sich offensichtlich abgelehnt. Er fing an, Süßigkeiten zu kaufen oder zu stehlen, um andere zu beschenken. Er frotzelte mit anderen so, dass er sie verletzte, ohne dies zu erkennen.

„Intime" oder psychologische Gespräche waren mit Julian wie auch schon vor dem Unfall nicht zu führen. Gleichzeitig war jedoch spürbar, wie sehr er darunter litt, nicht „anzukommen". In meiner „Not" erfand ich für ihn darum eine Geschichte, die ich ihm vorlas, um ihm meine korrigierende Begleitung anzubieten (Tab. 6.2).

Julian hatte nach der Geschichte Tränen in den Augen und erlaubte mir, ihm Rückmeldung zu geben, und auch bestimmte Leute, denen er vertraute, mit in das Feedbacktraining einzubeziehen. Er wurde ein Jahr nach seiner Aufnahme entlassen und besuchte eine Schule für Körperbehinderte. Als er eineinhalb Jahre später zur Nachuntersuchung kam, war er gewachsen und auch im Gesichtsausdruck älter geworden. Er war nun beinahe 16 Jahre alt, legte Wert auf Kleidung und eine „coole" Frisur. Gleichzeitig erschien er aber bei mir mit einem mit Nutella verschmierten Mund, hielt sich weiterhin an seinem Glied fest, lenkte bei unangenehmen Themen ab und ärgerte mit Vorliebe die Leute.

Geschichte für Julian

Eines Tages wurde Yoyo aus dem Planetensystem des Zirbelus aus seiner Bahn geworfen und landete auf der Erde. Dort nahm er Menschengestalt an und lernte rasch das Wissen dieser Erdenbewohner zu begreifen. Dennoch hatte er das Gefühl, bei ihnen nicht richtig anzukommen und Außenseiter zu bleiben. Und er wusste nicht, warum das so war. Wie andere auch – so meinte er – grüßte er höflich andere Leute, beteiligte sich an ihren Gesprächen, verteilte Süßigkeiten, um sie wohl zu stimmen – und erntete doch immer wieder Ablehnung. Yoyo wurde sehr traurig. Er wollte genauso akzeptiert sein wie die anderen auch.

Eines Tages begegnete er einem kleinen Derwisch, der vor Jahren einen Bewohner aus Zirbelus kennengelernt hatte und ein wenig deren Sprache verstand. Dieser hatte ein kleines Wortbilderbuch zusammengestellt. Nun erst entdeckte Yoyo an den Bildern, dass oft winzige Kleinigkeiten in der Haltung, in dem Blick, seine Gesten für die Erdenbewohner so missverständlich machten. So war das, was für ihn höflich und freundlich war, offensichtlich für Menschen anmaßend oder nervig. In Zirbelinisch hingegen gab es diese Feinheiten nicht. Man verstand sich so. Man lachte über andere Witze als hier. Man nahm sich, was man wollte, man fragte nicht, das war okay.

Yoyo bat den Derwisch, er möge ihn eine Weile begleiten und ihm seine Augen leihen. Acht Wochen zogen die beiden durchs Land, und der Derwisch korrigierte immer wieder die Feinheiten in Yoyos Ausdruck. Er erzählte ihm, wie sein Verhalten auf andere wirkte. Es war eine harte Schule, in der er sich viel Unangenehmes anhören musste. Oft war er sehr traurig und wütend. Dann aber lernte Yoyo neue Verhaltensweisen für seine alten Gefühle, er lernte dann, selbst die Leute zu fragen, wie sein Verhalten auf sie wirkte und fragte selbst nach, was er anders machen könne.

Als der Derwisch zwei Jahre später nach Yoyo suchte, konnte er ihn nicht mehr unter den Menschen finden, denn Yoyo sah aus und war wie sie.

Tab. 6.2: Fallbeispiel 8: Die Geschichte für Julian

Abb. 6.6: „Die Therapeutin" – Erstes Bild und eineinhalb Jahre später

Schulisch war er gut mitgekommen und hatte einen Zweier-Notendurchschnitt. Wie zu Beginn unserer Begegnung bat Julian, der wie beschrieben vorher sehr gut gemalt hatte, mich noch einmal zu porträtieren (s. Abb. 6.6).

Durch einen Kollegen, der Julian in der Körperbehindertenschule weiter betreut hatte, erfuhr ich, dass Julian dort seinen Hauptschulabschluss gemacht hatte und als Verkäufer in einem großen Kaufhaus arbeitete. Er habe beobachtet, wie Julian – gut gekleidet im grauen Anzug – seine Distanzlosigkeit „nutzt", um Kunden zum Einkaufen zu überreden. Es scheint zu funktionieren. So bestätigt sich für mich wieder die These, dass es aus systemischer Sicht darauf ankommt, ein geeignetes Umfeld zu finden, das zu dem Störungsbild passt und mit ihm ein neues Gleichgewicht eingeht.

UMGANG MIT DESTRUKTIVEN FAMILIENMUSTERN: „24 UNFÄLLE UND KEIN ENDE?"

Fallbeispiel 9 – Katrin, 19 Jahre

Mit diesem letzten ausführlichen Fallbeispiel möchte ich noch einmal

- die Verschachtelung eines prämorbid bestehenden Musters mit den organischen Beeinträchtigungen verdeutlichen, die den Zugang zur Patientin sehr erschwerten;
- eine vollständige Therapie einschließlich einer Katamnese beschreiben;
- ein Beispiel für eine Kombination aus familiensystemischen und neuropsychologischen Interventionen vorstellen und
- eine ungewöhnliche Häufung von schwersten Unfällen in einer Familie und die Auflösung dieses destruktiven Familienmusters zeigen[10].

10 Es handelt sich um meinen Examensfall zur Prüfung als Transaktionsanalytikerin. Das entsprechende therapiespezifische Vokabular habe ich für die Darstellung hier „übersetzt".

Katrin war 19 Jahre, als sie verunglückte. Ihr Unfall ereignete sich zwei Wochen, nachdem sie ihr eigenes Auto bekommen hatte. Sie befand sich auf dem Weg zur Schule, war – wie oft – zu spät „dran", überholte in einer Kurve mit zu hoher Geschwindigkeit, schleuderte und prallte frontal gegen einen entgegenkommenden Lkw. Sie schwebte 14 Tage lang in akuter Lebensgefahr. Sie erzählte mir später als eine von ganz wenigen Patienten von einer Nahtoderfahrung in dieser Zeit: „Meine Seele flüchtete in den nahe gelegenen Wald. Von dort aus sah ich meinen kaputten Körper unter dem Lkw und dachte, dass ich dort nicht mehr hinein wollte ... Dann hörte ich meine Eltern rufen und kehrte zurück."

Drei Monate nach ihrem Unfall wurde Katrin bei uns stationär aufgenommen.

Präsentiertes Problem und Anlass der Gespräche

Anlass der Gespräche, die ich mit Katrin und ihrer Familie aufnahm, waren:

Eine ungewöhnliche Häufung schwerster Unfälle in der Familie, über die ich nach und nach erfuhr, und deren Hintergründe und Bedeutung ich dann klären wollte.

Außerdem gab es Probleme bei der Behandlung von Katrin, die relativ bald auftraten und mir von den behandelnden nicht psychologischen Therapeuten oder den Lehrern berichtet wurden und die den für Katrin bestmöglichen Rehabilitationsverlauf beeinträchtigten, und zwar:

- Katrin hatte unrealistische Vorstellungen über den Heilungsverlauf ihrer Unfallfolgen, setzte sich unrealistisch hohe Ziele (z.B. Langlaufen in zwei Monaten, während sie noch an den Rollstuhl gefesselt war) und versuchte, durch möglichst viele Termine und Therapien rasch dieses Ziel zu erzwingen.
- Sie nahm Empfehlungen oder Anordnungen nicht an, wenn diese nicht in ihr Weltbild von Heilung passten. Das

heißt, sie tat, was sie wollte, auch wenn es ihr schadete. So versteckte sie ihren gelähmten rechten Arm in der Rock- oder Hosentasche und förderte somit seine Kontraktur. Sie verweigerte das Tragen einer Fußheberschiene, die ihr Gangbild deutlich verbessert hätte. Sie verweigerte das Tragen einer Armschiene, „weil das so behindert aussieht".

- Auch die Eltern hielten sich meist nicht an Absprachen mit dem Stationsarzt oder den Therapeuten[11], sondern taten, was sie für richtig hielten. Sie unterstützten Katrin eher in der Idee, als eine besondere Patientin durch eine besondere Behandlung eine besonders rasche und gute Heilung erreichen zu können.
- Wenn Katrin spürte, dass sich der Erfolg so nicht einstellte, wie sie erhofft hatte, versuchte sie – wenn möglich – das „Sichtbarwerden" ihrer Behinderung zu verhindern oder die Konfrontation mit einer „Leistungseinbuße" zu vermeiden. Dazu gehörte neben der Verweigerung, Schienen zu tragen, dass sie sich von Anfang an schminkte. Dies ist nach meiner Erfahrung in all den Jahren für diesen frühen Zeitpunkt nach dem Unfall sehr ungewöhnlich. Sie ließ sich die Haare über eine kaum sichtbare Narbe an der rechten Augenbraue wachsen. Sie, die nach wie vor im Test und in Gesprächen ein hervorragendes Gedächtnis besaß, „vergaß" Termine, bei denen sie eine Konfrontation ihrer Einschränkungen erwartete, wie bestimmte Schulstunden. Sie verweigerte sowohl das Schreiben mit der linken Hand als auch das Schreibmaschinentraining links, da sie dadurch die (vermutlich endgültige) Lähmung der rechten Hand hätte akzeptieren müssen.

---

11 Im Folgenden sind damit immer die nicht psychologischen und nicht ärztlichen Therapeuten gemeint wie Physiotherapeuten, Ergotherapeuten, Logopäden, Musiktherapeuten usw.

- Sie setzte sich von Anfang an in einer abwertenden Haltung von den anderen Patienten ab, überschätzte sich grandios und rechtfertigte damit ihre Forderung nach Sonderbehandlung. Sie nahm an Gruppenaktivitäten der Station nicht teil, fühlte sich nicht zugehörig und schaffte sich dadurch viel Ärger und Ablehnung sowohl bei den Patienten als auch bei einem Teil des Pflegepersonals.

Das prämorbide Problemverhalten

Familiengeschichtliche Hintergründe des Unfallmusters

Die meisten der explorierten Unfälle haben sich in der Familie des Vaters ereignet. Diese bestand neben den Eltern aus insgesamt acht Geschwistern. Das älteste Mädchen, eine von zwei Zwillingen, starb mit 14 Jahren an den Folgen einer Infektion.

Die Großmutter der Patientin, die Mutter also dieser acht Kinder, wird als eine kühle Frau geschildert, die darüber verbittert gewesen sei, dass sie ihren Beruf als Künstlerin der vielen Kinder wegen nicht habe ausüben können. Sie habe die Kinder so früh wie möglich, d. h. sobald sie laufen konnten, sich selbst überlassen. Auch in der nachfolgenden Generation wird die meines Erachtens frühe Überforderung der Kinder fortgesetzt und mit der Überzeugung gerechtfertigt, nur so sei Selbstständigkeit zu erlernen: „Nur durch (eigene) Erfahrungen lernen Kinder Grenzen kennen. Ratschläge und Mahnungen taugen nichts." Schon früh gab es unter den Geschwistern väterlicherseits zahlreiche schwere Stürze oder Unfälle der kleinen Kinder, die „böse" hätten enden können. Diese sind nicht in dem unten stehenden Genogramm aufgeführt. Aber „außer Knochenbrüchen", die „verheilten", ist „ja nichts passiert". Ähnliche Unfälle werden vor allem von der Patientin, ihrem Bruder und den Kindern des drittältesten Bruders des Vaters geschildert (s. Genogramm, Abb. 6.7).

Wagemut und Tollkühnheit wurden als eine besondere und männliche Familieneigenschaft anerkannt. Alle Geschwister fahren sehr schnell, ähnlich wie sie Gespräche führen: atem- und rastlos. Vorbild für dieses Muster ist der Großvater, der selbst schon schwerste Auto- und Motorradunfälle überlebt hat. B., der Vater der Patientin, war der Lieblingssohn seines Vaters. Noch heute erzählen sich die Männer der Familie lachend über ihre verschiedenen „Heldentaten".

Zeigte sich ein Kind ängstlich, so wurde es ausgelacht. Mädchen waren in der Familie wenig anerkannt. Sie galten als „lieb, still, angepasst, eher ängstlich und weniger intelligent". Am ehesten anerkannt war E., die schon früh versuchte, mit den Jungen mitzuhalten.

D., der jüngste Bruder, erlitt offensichtlich die meisten Unfälle. Er hat bis zu seinem 8. Lebensjahr eingenässt und eingekotet und wurde deswegen nur verlacht. Er musste oft Prügel für Streiche beziehen, die seine größeren Brüder ausgeheckt und ihm in die Schuhe geschoben hatten. Gerade er versuchte, sich immer wieder zu beweisen, dass „meine natürliche Angst nicht zur Feigheit führt oder Feigheit war." (D.)

Noch heute werden Frauen und Männer durch deutliche Etikette voneinander „getrennt": „Frauen sind weniger intelligent und esoterische Spinnerinnen. Männer sind unkonventionell und wissenschaftlich denkend."

In der Mutter der Patientin habe B., der Vater der Patientin, eine Frau wie seine Mutter ausgesucht: Auch sie sei eher „hart" und habe die Kinder früh sich selbst überlassen. Allerdings habe sie von Anfang an auf ihrer Berufstätigkeit bestanden. Beide Kinder seien nicht erwünscht gewesen. Die Mutter hat sich von ihrer eigenen Familie ganz entfremdet. Diese sei ihr – im Gegensatz zur Familie ihres Mannes – zu spießig und einengend. Die Mutter der Patientin hatte selbst fast im gleichen Alter wie Katrin einen schweren Autounfall. Zwei ihrer drei Geschwister hatten insgesamt drei schwere

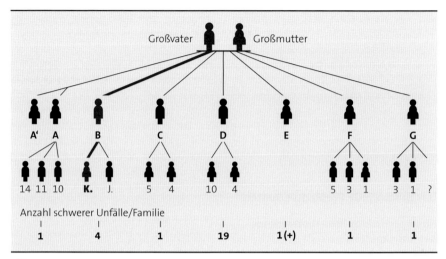

Abb. 6.7: Genogramm

Autounfälle, bei denen zwei Menschen ums Leben kamen.

Katrin selbst wuchs quasi als neuntes Kind der Großeltern in deren Haus und ganz in deren Tradition auf. So wie ihre Mutter war sie ganz mit der männlichen Linie der Familie identifiziert. Sie war eine gute Schülerin und stand kurz vor dem Abitur. „Intelligent sein, gut aussehen, zu den Besten gehören" – das war ihr wichtig. Vor der Fahrschule hatte sie Angst und wurde dafür ausgelacht. Später hatten Tanten die Eltern von Katrin wiederholt darauf hingewiesen, dass diese – angesichts ihrer noch geringen Fahrpraxis – zu schnell fahre. Die Eltern hätten mit den Schultern gezuckt.

Analyse des prämorbiden Problemverhaltens

Zentrales Bedürfnis, das in dieser Familie über mindestens zwei Generationen hinweg nicht erfüllt wurde, ist meines Erachtens das Bedürfnis eines Kindes, sich „fort" (vom sicheren Schoß der Eltern) zu bewegen und sich dabei gleichzeitig auf die begleitende und präsente Aufmerksamkeit und Fürsorge der Eltern bei möglichen Gefahren und Ängsten verlassen zu können. Stattdessen waren die Kinder in solchen Momenten alleine, schutz- und meist trostlos und erhielten Anerkennung für ihr „Überleben". Je höher die Gefahr, sich selbst zu schädigen, desto höher war die Anerkennung.

Ich vermute, dass die ursprünglich unterdrückten Gefühle der Patientin sowie vermutlich auch die ihrer Familie waren: Angst, Hilflosigkeit und Verzweiflung. Verzweiflung darüber, nicht so (ängstlich und hilfsbedürftig) sein zu dürfen, und sich dabei angenommen zu fühlen. Hinter dem oben beschriebenen Verhalten der Patientin, das ja den Anlass für ihre Behandlung gab, standen also meines Erachtens die folgendenden Glaubensüberzeugungen:

- Wenn ich mich schwach und ängstlich zeige, bin ich nicht okay.
- Es ist (darum) wichtiger, dass man sich perfekt präsentiert (statt zeigt, was man fühlt).
- Je mehr man an Können und Risikobereitschaft zeigt, desto mehr „ist" man.
- Leistung ist u. a., wenn man Grenzen heil überschreitet.
- Nur wer uns dies bestätigt, ist kompetent und okay (= nicht spießig).
- Männer (wissenschaftlich, mutig) > Frauen (esoterisch, ängstlicher)

Problemdefinition – die Verschachtelung

Das Problemverhalten Katrins wird daher von folgenden drei Bedingungen aufrechterhalten, die sich gegenseitig unterstützen und das dysfunktionale Verhalten gegen Veränderungen dreifach absichern:

1. Das familiäre Glaubenssystem, das eine „gesunde" Verarbeitung (z. B. zeigen, wie man sich fühlt) nicht zulässt, solange die Überzeugung bestehen bleibt: Unfallfolgen, die nicht heilen (= eine Behinderung) zeigen eine „Schwäche" – und Schwächen sind nicht okay.
2. Das familiäre Glaubenssystem, das sich gegen unerwünschte Konfrontation absichert, indem Andersdenkende (oder -fühlende oder -handelnde) als „Spießer" oder „Esoteriker" abgewertet werden, während Gleichdenkende (die z. B. für Katrin Heilung versprechen) als unkonventionell denkende Kapazitäten anerkannt werden.
3. Die organisch bedingte Beeinträchtigung Katrins, die Realität nicht genau prüfen zu können. Katrin, die einen Leistungskurs unter anderem in Deutsch erfolgreich besucht hatte, konnte nun nicht mehr „bei Inhaltsangaben ... die Ebene der Inhaltswiedergabe von der Ebene der Interpretation und des Kommentars unterscheiden ... Aussagen der Texte (9.-Klasse-Niveau) erfasste sie zwar im Großen und Ganzen, bei der Zusammenfassung des Inhalts zeigte sich aber immer wieder, dass sie einzelne Teile der Handlung nicht verstanden hat und bei der Darstellung nicht zwischen Wesentlichem und Nebensächlichem unterscheiden kann." (Klinikschulbericht)

Die neuropsychologische Testung bestätigte dieses Ergebnis. Diese organisch bedingte Trübung der Realitätswahrnehmung machte es natürlich für Katrin noch schwieriger zu erkennen, dass die familiären Glaubensüberzeugungen durch die neue Realität nicht mehr „taugten" – ganz abgesehen von ihrem ursprünglich schon destruktiven Muster.

Konsequenzen für die Behandlung

Was bedeutete diese Analyse für den Umgang mit Katrin. Wie konnte man Zugang zu dieser Festung finden? Es war klar, dass

- eine gesunde Behinderungsverarbeitung nur möglich sein würde über eine Änderung des familiären Glaubenssystems,
- eine Änderung der Überzeugungen von Katrin, ohne gleichzeitig die der Eltern zu verändern, wegen der beschriebenen doppelten Trübung der Realitätswahrnehmung (familiär und organisch) kaum zu erreichen wäre – ganz abgesehen von den Konsequenzen, die eine solche isolierte Veränderung der Position für Katrin in ihrem Familiensystem hätte.

Da die Familie Andersdenkende abwerten, kann eine Veränderung ihres Glaubenssystems nur „von innen heraus" erfolgen. Eine möglicherweise veränderte Sichtweise der Familie oder andere Ereignisse, die ihrem Bezugssystem zuwiderlaufen, müssen der Patientin – möglichst durch die Familie selbst – so „übersetzt" werden, dass Katrin diese Unterschiede auch mit ihrer neuen „Hirngeschädigtenbrille" würde wahrnehmen können.

Wie kann man diese Schlussfolgerungen in die Praxis umsetzen?

Der Behandlungsprozess

Der gesamte Behandlungsprozess erstreckte sich über zehn Monaten und verlief in fünf Phasen.

Die 1. Phase: Exploration und Beziehungsaufbau (Anfang März bis Ende April)

Wesentlich in dieser Phase waren mein besonderes Interesse und mein Erschrecken, als ich nach und nach von einem Unfall nach dem anderen erfuhr. Ich listete diese chronologisch auf, sodass ihre familiäre Häufung nicht mehr als zufällig abgewertet werden konnte. Mithilfe dieser Visualisierung konnte ich die Patientin erfolgreich mit dem Problem konfrontieren, gewann ihr Interesse und erhielt glaubhaft und ausdrücklich von ihr den Auftrag, mitzuwirken, dass dieses sich selbst schädigende Muster in ihrer Familie unterbrochen würde – Katrin hatte bereits Angst um ihren jüngeren Bruder, den sie sehr liebte.

Gleichzeitig löste meine Sichtweise bei den Eltern Abwehr aus, und sie entzogen sich im weiteren Verlauf direkten „psychologischen Interventionen", wie ich schon befürchtet hatte.

Die 2. Phase: Irritation und Konfrontation des familiären Glaubenssystems (Mai bis ca. August)

Meine Idee war, mithilfe eines Briefes an die Familie, den ich mit dem Wunsch der Patientin und mit meinem wissenschaftlichen Interesse an dieser besonderen Familie „legitimierte", mich wie ein trojanisches Pferd in die „Festung" der Familie hineinzuschmuggeln. Der Brief enthielt die konfrontierende Gesamtschau der explorierten schwersten Unfälle, die Bitte, diese Liste zu ergänzen und enthielt Fragen zum möglichen Bedeutungskontext dieser Unfälle. Diese Fragen transportierten gleichzeitig die implizite Idee, dass diese Häufung möglicherweise nicht zufällig sei. Eine Frage lautete zum Beispiel: „Es scheint so, als ob die Unfallserie mit dem Eintritt ins Erwachsenenalter gekoppelt ist. Vorausgesetzt, die Unfallserie ginge weiter – wer von den Kindern der nächsten Generation wird Ihrer Meinung nach am ehesten auf diese Weise seine Familienzugehörigkeit zeigen?"

Die Briefe wurden den Eltern von Katrin sowie allen Geschwistern des Vaters zugeschickt mit der Bitte, ihre Antwortbriefe an die Patientenfamilie zu senden, mit der wir uns dann in Verbindung setzen würden. Mir war es wichtig, eine Diskussion in der Familie zu initiieren. Außerdem wurde Katrin für vier Wochen in den therapeutischen „Urlaub" geschickt. Dies ist – wie auch im Fall Martins zu sehen war – eine bewährte Maßnahme, um die notwendige Konfrontation mit einer verlorenen oder veränderten Wirklichkeit zu erreichen, wenn andere Interventionen nicht genügend wirksam erscheinen.

Die 3. Phase: Die Erschütterung des Glaubenssystems (September bis November)

Erschütterungen in der Familie
In dieser Phase wurde deutlich, dass das Gleichgewicht der Familie an mehreren Ecken durch kleinere oder größere Beben Risse bekam:

a) So führten die länger dauernde Konfrontation mit den Einschränkungen Katrins im „Urlaub", denen man sich nicht entziehen konnte, zu neuen, bisher unbekannten Problemen: Ihr um zehn Jahre jüngerer Bruder zeigte sich z. B. im Umgang mit Katrin sehr verunsichert. In vielen Bereichen war er ihr plötzlich überlegen und freute sich. Gleichzeitig schämte er sich wegen dieser neuen Überlegenheit und zog sich schließlich ganz vor Katrin zurück.

Seit Mai wurde aufgrund meiner Briefaktion in der Familie öfter „heiß" diskutiert, wie Katrin mir berichtete. Im September meldeten sich zwei Tanten bei mir zum Gespräch, die mir weitere Informationen gaben und mir ihre Mitarbeit zusicherten. Dieses Gespräch war auch deswegen wichtig, da eine Tante ein wichtiges Bindeglied zwischen dem Bruder D. und B., dem Vater Katrins, darstellte. Die zunehmenden Anzeichen von Schmerz und Verzweiflung bei Katrin und das Aufbrechen der Familienphalanx führten zunächst zu einer verstärkten Abwehr der Kernfamilie. Sie vermieden die Auseinandersetzung mit der schmerzlichen Wirklichkeit und griffen stattdessen vermehrt die Station und einzelne Therapeuten an, sodass wir ein Stationselterngespräch ansetzten.

b) Wichtig war hier wieder, ein Setting zu schaffen, das der Familie ein Gespräch möglich machte. So definierten wir als Ziel, Gemeinsamkeiten bzw. Unterschiede bezüglich der derzeitigen psychophysischen Realität von Katrin zu definieren und mögliche Konsequenzen daraus zu ziehen. Wichtig war auch, dass ich daran lediglich als wissenschaftliche Fachfrau für neuropsychologische Testung auftrat, und der Stationsarzt, eben ein Mann, die Leitung hatte.

Das Gespräch zeigte, dass die Eltern zumindest in ihrer Überzeugung „Verletzungen übersteht man unbeschadet" erschüttert waren. Sie vermieden jedoch noch in der Kommunikation mit Katrin, diese mit ihren Grenzen zu konfrontieren: Man könne Katrin nur motivieren, mit dem alten Satz „Wenn du nur genügend übst, wirst du gesund" und „kleingedruckt" könne man ja leise hinzufügen, „aber nicht mehr 100 %".

Wichtig war hier die Bereitschaft der Eltern, Katrin zu helfen, positiv zu konnotieren und dann das Problem umzudefinieren: Nicht wie man am besten motiviert, ist die Frage, sondern wie können die Eltern am besten wirksam werden in dem, was sie wollen. Somit bleibe ich (scheinbar) ganz im Bezugssystem der Familie „nur wir selbst können (uns) helfen". Dann führte ich den „wissenschaftlichen" Aspekt der (testmäßig = objektiv) belegten organisch bedingten Wahrnehmungs- und Differenzierungsschwäche Katrins in das Gespräch ein, die auch die Eltern schon in der Praxis erlebt hatten. Dieser Aspekt mache es notwendig, dass man das, was man bewirken will, nun nicht „kleingedruckt", sondern übertrieben deutlich aussprechen müsse, damit es so ankomme, wie man es meint. Mit dieser Intervention hoffte ich, gleichzeitig zwei Fische fangen zu können:

- die Doppeltrübung der Patientin mithilfe der Eltern, auf die sie ja besser hörte, enttrüben zu können,
- eine weitere Veränderung des dysfunktionalen Bezugssystems der Eltern, indem die durch Sprache übertriebene Wirklichkeit zu einer erlebnismäßigen inneren Wirklichkeit wird, die mit den realen Chancen von Katrin eher übereinstimmt und ihr den Druck nimmt.

Bei Katrin ausgelöste Erschütterungen
Ich erlebte Katrin nach den Sommerferien stimmungsmäßig sehr verändert. Sie selbst führte zwei Ereignisse an: den Rückzug des Bruders, den sie als Scham über sie und ihre Behinderung interpretierte, und zum zweiten das Erlebnis, dass sie beim Einkauf in ihrer Heimatstadt von zwei Frauen beobachtet wurde, die nach Katrins Meinung mit Fingern auf „die Behinderte" zeigten.

Obwohl Katrin zunächst weiterhin versuchte, nach außen hin ihre Fassade der „Unberührbarkeit" und „Unverletzbarkeit" zu bewahren, war spürbar, dass sich nun in der Therapie die Tür öffnete für das Thema „Gefühle zeigen". Vorsichtig äußerte sie nun Gefühle der Scham – über ihr Äußeres – und Gefühle der Angst, abgelehnt zu werden. Beide Gefühle waren (bei ihr) verbunden mit ihrer beeinträchtigten äußeren Intaktheit, die „im Vordergrund der Aufmerksamkeit aller" stünde. Auch hier handelte es sich m. E. wieder um eine Mischsymptomatik: Sicher neigte Katrin schon vor dem Unfall dazu, Dinge grandios zu übertreiben. Nun aber fehlte ihr die Fähigkeit zur differenzierten Korrektur ihrer Wahrnehmung. Diese musste ich nach der Regel „was innen fehlt, muss von außen ersetzt werden" übernehmen. Das heißt, ich musste mit ihr (oder besser statt ihrer) z. B. fragen, wer denn wann wie oft wie lange geschaut habe, woran sie festmache, dass er „nur" auf ihre Schiene und nicht auf ihr hübsches Gesicht oder die interessanten Schuhe geschaut habe („Alle schauen nur auf meine Schiene"). Oder: „Woher weißt du, was der andere denkt? Hast du gefragt? Wie kannst du sicher sein, dass er so denkt?" usw.

Wichtiger war nun auch, Katrin die „Erlaubnis" zu geben, ihre Gefühle zu zeigen: „Es ist okay, sich verletzt zu zeigen. Du brauchst damit nicht alleine zu bleiben. Du kannst dir Unterstützung holen." Wichtig war es für sie, emotional präsent zu sein, da ihr diese Begleitung in ihrer Familie ja eher gefehlt hatte.

Über diesen Weg erkannte Katrin langsam den Zusammenhang zwischen ihren vermehrten Ängsten, nicht mehr ganz gesund zu werden, und ihren Anstrengungen, dieser Wirklichkeit durch kosmetische „Schminke" zu entkommen. Sie erkannte, dass das Problem, vor dem sie bisher weggelaufen war, die Auseinandersetzung mit dem Gefühl des Minderwertigseins war, und dass sie sich auf Dauer diesem Problem werde stellen müssen. Diese Erkenntnis zusammen mit meinem Angebot, sie auf diesem schwierigen Weg emotional zu begleiten, löste die nächste Phase aus.

Die 4. Phase: Verzweiflung, Schmerz, Trauer und Suche (November bis Dezember)

In den folgenden Stunden zeigte Katrin zunehmend mehr ihre Gefühle der Trauer über den Verlust ihrer früheren Möglichkeiten, von Schmerz und Verzweiflung z. B. darüber, nie mehr richtig laufen zu können. Außerhalb der Stunde wagte sie es, offener ihre Behinderung zu zeigen. So ließ sie z. B. den Arm baumeln und trug die Fußheberschiene. Sie begann, sich und ihre Familie mit neuen Augen zu sehen.

Sie nimmt die Herausforderung an und definiert sich „als kleiner erschrockener Mensch, der vorsichtig Erfahrungen sammeln will, wenn er sich nackt zeigt." Sie glaubt, dass sie durch ihre bisherige Art zu leben, auch schon vor dem Unfall vor der Auseinandersetzung mit sich selbst davongelaufen ist, und will sich kennenlernen. Während sie früher so sein wollte wie ein männliches Familienmitglied, möchte sie nun eher sein wie Tante E., die eine positive Mischung männlicher und weiblicher Eigenschaften zeigt und auch die Familie am ehesten integrieren kann.

Sie fordert in ihrer Kernfamilie mehr Rücksicht auf ihren neuen Stand, statt dass sie alten Maßstäben hinterherrennt. Sie erlebt die Klinik als Schutz vor Überforderung und als geeignetes Lernfeld, neue Erfahrungen zu machen. Sie ordnet sich auf der Station neu ein, nimmt an Gruppenaktivitäten teil und bezeichnet sich erstmals als „Behinderte".

Die Phase der Annahme der Behinderung und Neubewertung (Zustand bei Entlassung im Januar – zehn Monate nach Aufnahme)

Katrin bilanziert, ihr Unfall sei nicht „sinnlos" gewesen, sondern ergäbe neuen Sinn für sie:

- Sie verhalte sich nicht mehr so flüchtig-schnell-oberflächlich und empfinde die neue Notwendigkeit, langsam und gründlich zu lernen, als viel befriedigender.
- Sie sei bereit anzuerkennen, dass ihre Entwicklung langsamer vorangehen werde, und wisse, dass sie immer sichtbar behindert bleiben werde.
- Sie wolle ehrlicher sich selbst gegenüber sein und sich nicht mehr verstellen. So zeigt sie sich dem neuen Freund gegenüber „ungeschminkt". Sie wolle wiederkommen und hier ihr Berufsvorbereitungsjahr absolvieren. Zuvor wolle sie ein Abschiedsfest für alle auf Station veranstalten.
- Auch das Verhalten der Familie habe sich verändert: Die Mutter müsse aus Rücksicht auf sie langsamer machen, der Vater zeige sich weicher, der Bruder akzeptiere sie so, wie sie sei, denn „schließlich gehören Behinderte ja nun zu seinem täglich Brot!"

Katamnese

Auch acht Jahre nach Katrins Unfall gab es keine weiteren schweren Unfälle in der Familie mehr.

Katrin absolvierte erfolgreich das Berufsvorbereitungsjahr, erwarb an der Realschule der Körperbehindertenschule „mit meinem neuen Kopf" die mittlere Reife, bezog eine eigene Wohnung. Sie studierte Sozialpädagogik mit dem Ziel, Kindergärtnerin zu werden, ein Beruf, in dem es unter anderem darum geht, Kinder mit Aufmerksamkeit und Fürsorge zu begleiten, bei möglichen Gefahren und Ängsten einzuschreiten und Grenzen zu setzen (s. Familiengeschichte!). Leider entwickelte sie eine Epilepsie, sodass sie ihren Berufswunsch nicht erfüllen konnte. Katrin lebt heute nach der Trennung von ihrem Mann mit ihrer Tochter in einer eigenen Wohnung auf dem Grundstück ihrer Eltern.

SCHLUSS

Deutlich wird meines Erachtens an diesen Fallbeispielen:

- Die Behandlung eines hirngeschädigten Patienten hört nicht an seiner Bettkante (oder an der Pforte der Institution) auf.
- Ein Unfall ist manchmal (wie im Fall von Katrin) nur das Vordergrundgeschehen eines umfassenderen destruktiven Prozesses im Hintergrund, den es ebenfalls zu beachten gilt.
- Was oben und was unten ist, entscheidet das Gehirn – und ein verletztes Gehirn entscheidet u. U. anders als ein gesundes.
- Manchmal haben wir mit unserem „normalen" Denken bei Hirngeschädigten keinen Anschluss unter ihrer (alten) Nummer.

7
Checkliste

Zum Abschluss lade ich Sie, den Leser, zu einigen Fragen ein, die Sie sich zu Beginn und während einer Behandlung eines hirngeschädigten Patienten als Anregung stellen können, wenn Sie wollen. Sie können diesen Abschnitt aber auch als stichwortartige Zusammenfassung des bisher Gesagten lesen:

DIAGNOSE

- *Was* funktioniert, was nicht?
- *Wann* funktioniert etwas, wann nicht? Ist das immer der Fall oder nur unter bestimmten Umständen? Wenn, unter welchen?
- Was *löst* der Patient bei mir (oder Kollegen) *aus* (soziale Diagnose)?
- Was weiß ich *neuropsychologisch* über den Patienten, und was muss ich noch erfragen? Versteht er meine Instruktionen, wie ist seine Wahrnehmung, sein Gedächtnis usw.?
- *Welche Funktionen* sind erforderlich für die gestellte Aufgabe?
- Wie geht der Patient *mit Fehlern* um? Sieht er sie? Wie ist er *früher* mit Schwächen umgegangen? Was war damals für ihn hilfreich? (Prämorbide nützliche und hinderliche Verhaltens- und Erlebensweisen)
- Ist der Patient *motiviert*, etwas zu ändern? Ist er in der Lage, dafür Verantwortung zu übernehmen? Erkennt er

den Sinn der Behandlung? Was braucht er, um besser mitzuarbeiten?
- Was fehlt „innen" und muss von „außen" *ersetzt* werden?
- Was sind *die Stärken* des Patienten? Wie können sie genutzt werden?
- Hole ich den Patienten dort ab, *wo er steht?*
- Haben wir Vereinbarungen über *wichtige Hilfestellungen* getroffen?
- Habe ich die „Fachkompetenz" des Patienten für seine *eigene SHT-Wirklichkeit* genutzt?

UMFELDGESTALTUNG

Diese Fragen beziehen sich sowohl auf das Therapiesetting, die familiäre Lebenssituation und die Arbeitssituation:

- Wird dem Patienten genügend Zeit gelassen? Was meint er selbst dazu?
- Gibt es zu viel Ablenkung? Was höre oder sehe ich „außen herum", wenn ich die „SHT-Brille" aufsetze? Eignet sich der Raum und der Zeitpunkt für die Behandlung, das Gespräch, das Ziel ...?
- Braucht der Patient eine Person, die ihn „führt", oder sind zu viele Personen im Raum?
- Wie müsste das Umfeld anders sein, damit der Patient erfolgreicher seine Aufgaben bewältigen kann?
- An welcher Stelle und in welchem Maße ist Hilfe notwendig?

- Welche Hilfsmittel brauche ich dafür?
- Welche Ressourcen hat die Familie? Wo sind ihre Grenzen? Welche Erwartung hat sie an uns und den Patienten? Sind diese Erwartungen erfüllbar?

BEHINDERUNGSVERARBEITUNG

- Wie ist der Patient früher mit Herausforderungen umgegangen?
- Handelt es sich um ein lebensgeschichtlich begründetes (altes) Problem, um eine Reaktion auf die Erkrankung bzw. die Behinderung, um eine organisch zu erklärende neue Verhaltensweise oder um eine Mischung (s. Fall Katrin)?
- „Hängen" der Patient oder seine Familie schon längere Zeit „fest"?
- Auf welcher Ebene wird Wirklichkeit nicht wahrgenommen (Existenz, Bedeutung, Änderbarkeit, persönliche Fähigkeit zur Änderung) und muss konfrontiert werden?
- Ist für genügend Schutz gesorgt, wenn der Patient „erschüttert" wird?

ROLLE DER ANGEHÖRIGEN

- Welche Rolle gebe ich den Angehörigen? Sind sie für mich Therapeuten, Pflegekräfte, Erzieher, Experten ihrer Kinder/Partner?
- Teilen Sie meine Erwartung? Sind sie einverstanden mit ihrer Rolle?
- Was sollen sie tun, was nicht? Wissen sie das und teilen sie unsere Meinung?
- Haben wir für die Angehörigen alle die gleiche Funktion bzw. Rolle? Wenn nicht, wodurch unterscheiden sie sich? Sind wir uns dessen bewusst? Was macht das mit „uns", dem Team?
- Was wünsche ich mir von den Angehörigen für meine Arbeit? Was davon

ist realistisch und rollengemäß? Was davon muss ich mir woanders „holen"? Und wenn, wie?
- Wie nutzen wir die Bedürfnisse der Angehörigen?
- Wie gehen wir mit ihren Bedürfnissen um? Wo sehen wir Grenzen, wo Möglichkeiten? Kommunizieren wir diese? Und wenn, wie?
- Welchen Raum geben wir ihnen für Intimität, für Kontrolle und Einfluss, für Information?
- Welche Atmosphäre erleben die Angehörigen in unserer Institution? Wer könnte sie unterstützen und wie?

DIE EIGENE ROLLE

- Wie definiere ich meine Aufgabe? Entspricht diese Definition den Erwartungen der Kollegen, des Vorgesetzten, der Angehörigen, der Eltern?
- Sind meine Erwartungen (an mich, den Patienten, meine professionellen Fähigkeiten, die Institution usw.) realistisch, überprüfbar und überschaubar?
- Habe ich genügend Unterstützung für meine Ziele?
- Wie kann ich mich zusätzlich für meine Arbeit „belohnen"? Was brauche ich als tägliche, wöchentliche „Tankstelle"?
- Wo setze ich mir Grenzen? Sind diese realistisch? Kann ich damit umgehen?
- Wie definieren andere Berufsgruppen ihre Rollen? Gibt es Überschneidungen? Wie gehen wir damit um?
- Wie gut können wir uns austauschen? Was müsste geändert werden, damit ein optimaler Austausch stattfinden kann?
- Gibt es strukturelle Bedingungen, die ein optimales Arbeiten stören? Was daran könnte realistischerweise verändert werden und wie, sodass ich zufriedener arbeiten kann? (s. Abb. 5.5)

8
Literatur

1. Bednarz A: Mit den Toten leben. Über Selbst-Sein und das Sterben eines anderen. Familiendynamik Heft 1/2005, S. 4-22

2. Dick F: Die Neuropsychologische Therapie beginnt mit der Diagnostik. Die Kritik an der Therapie auch. In: Wendel C, Heel S, Lucius-Hoene G, Fries W: Zukunftswerkstatt Klinische Neuropsychologie. Therapeutische Verortungen und Visionen. Regensburg: Roderer Verlag 2005, S. 88-108

3. Dick F: Phänomenologie des Neglect-Syndroms. Zum Problem des Störungsbewusstseins und zum Problem psychologischer Erklärung. In: Röckerath K, Strauss LV, Leuzinger-Bohleber M (Hrsg.). Verletztes Gehirn – Verletztes Ich. Treffpunkt zwischen Psychoanalyse und Neurowissenschaften. Göttingen: Vandenhoeck und Ruprecht 2009, S. 17-69

4. Gauggel S, Schoof-Tams K: Psychotherapeutische Interventionen bei Patienten mit Erkrankungen oder Verletzungen des Zentralen Nervensystems. In: Sturm W, Herrmann M, Wallesch C (Hrsg.): Lehrbuch der Klinischen Neuropsychologie. Grundlagen – Methoden – Diagnostik – Therapie. Lisse/NL: Swets & Zeitlinger 2000, S. 677-694

5. Gauggel S: Grundzüge eines Behandlungsprogramms für hirngeschädigte Patienten: Ein neuropsychologisches Kompensations- und Kompetenzprogramm. Verhaltenstherapie 7/1977, S. 81-88

6. Gérard C: Die Auswirkung der prätraumatischen Lebenssituation von Schädel-hirntrauma-Patienten auf die psychische Verarbeitung der Behinderung. Zs für Transaktions-Analyse 1/1987, S. 35-47

7. Gérard C: Verhaltensstörungen nach einer Hirnschädigung aus Sicht der systemischen TA. Zs für Transaktionsanalyse 1/1992, S. 18-28

8. Gérard C: Wer sagt, dass es keine blauen Elefanten gibt? Zs für Transaktionsanalyse 3/1993, S. 133-154

9. Gérard C, Lipinski C, Decker D: Schädel-Hirn-Verletzungen bei Kindern und Jugendlichen. Stuttgart: Trias Verlag 1996

10. Gräser T, Cipcic-Schmidt S: Neuropsychologische Therapie: Inhalt und Qualitätsstandards – Zusammenfassung der Ergebnisse eines Arbeitsgesprächs im Rahmen der Zukunftswerkstatt Klinische Neuropsychologie Iphofen 02.03.2004 In: Wendel C, Heel S, Lucius-Hoene G, Fries W: Zukunftswerkstatt Klinische Neuropsychologie. Therapeutische Verortungen und Visionen. Regensburg: Roderer Verlag 2005, S. 109-120

11. Grawe K: Neuropsychotherapie. Göttingen: Hogrefe Verlag 2004

12. Lambeck S. Diagnoseeröffnung bei Eltern behinderter Kinder. Ein Leitfaden für das Erstgespräch. Göttingen: Verlag für Angewandte Psychologie 1992

13. Lurija A: Der Mann, dessen Welt in Scherben ging. Hamburg: Rowohlt Verlag 1991, 1. Auflage

14. Maturana H, Varela F: Der Baum der Erkenntnis – Die biologischen Wurzeln der

menschlichen Erkenntnis. Frankfurt a. M.:
Fischer 2010, 3. Auflage

15. Sacks O: Der Mann, der seine Frau mit
einem Hut verwechselte. Hamburg: Spiegel Verlag 2006

16. Schiff J et al.: Cathexis reader: Transac-
tional treatment of psychosis. New York:
Harper & Row 1975, S. 14ff

17. Schweisthal B, Gérard C: Gedächtnisleis-
tungen von Kindern und Jugendlichen
sowie jungen Erwachsenen nach zere-
bralen Schädigungen. Zs für Neuropsychologie 1993; 4(1), S. 17-26

18. Schmid B: Systemisches Denken und die
wirklichkeitskonstruktive Perspektive. Zs
für Organisationsentwicklung 1989; 8(2),
S. 49-65

19. Schmid B: Systemische Professionalität
und Transaktionsanalyse. Bergisch Glad-
bach: Edition Humanistische Psychologie,
2004, 2 Auflage

20. Schmid B, Gérard C: Intuition und Professionalität. Systemische Transaktionsanalyse in Beratung und Therapie. Heidel-
berg: Carl-Auer-Systeme Verlag 2008

21. Thomése P: Schattenkind. Berlin: Berlin
Verlag 2004

22. Wawelzik MR: Psychotherapie als Neuropsychotherapie? Ja, aber nur finden sich
die Gedanken nicht im Gehirn. In: Wendel C, Heel S, Lucius-Hoene G, Fries W: Zukunftswerkstatt Klinische Neuropsychologie. Therapeutische Verortungen und
Visionen. Regensburg: Roderer Verlag
2005

23. Wendel C, Heel S, Lucius-Hoene G, Fries
W: Zukunftswerkstatt Klinische Neuropsychologie. Therapeutische Verortungen
und Visionen. Regensburg: Roderer Verlag 2005

24. Webseite von Cornelius Fränkel: http://
home.arcor.de/cornelius.fraenkel/

Kognitives Training

Gisela Baller

Kognitives Training

Ein sechswöchiges Übungsprogramm für
Senioren zur Verbesserung der Hirnleistung

mit CD

Ein sechswöchiges Übungsprogramm
für Senioren zur Verbesserung der
Hirnleistung

Gisela Baller
ISBN 3-9806107-5-6
137 Seiten, broschiert, mit CD
zahlreiche farbige Abbildungen
Hippocampus Verlag
Bad Honnef 2003, € 19,90

Das von der klinischen Neuropsychologin Gisela Baller konzipierte Übungs-
buch umfasst ein Programm für ein sechswöchiges Eigentraining zur Förderung der kognitiven Leistungsfähigkeit. Ausgehend von fünf Trainingstagen
pro Woche und drei bis vier Übungen pro Tag enthält es 100 Übungen zum
Eigentraining. Die Zusammensetzung der Übungseinheiten für einen Tag
ist so abgestimmt, dass die Trainingsdauer etwa 15–20 Minuten beträgt.

Art und Zusammensetzung der Übungen zielen auf die Behandlung
leichter Hirnleistungsstörungen (»mild cognitive impairment«) ab. Entsprechend liegt der Schwerpunkt der Übungen auf der Förderung der Merkfähigkeit, der Orientierung und des Urteilsvermögens. Die Übungen wurden
dahingehend ausgewählt, dass sie einen möglichst alltagspraktischen Bezug
aufweisen. In regelmäßigen Abständen sind zudem Langzeitgedächtnis-
übungen eingebaut, die für ältere Personen meistens leichter lösbar sind
und so Erfolgserlebnisse vermitteln. Zum wiederholenden Training können
die Übungen von der beiliegenden CD ausgedruckt werden.

Für: Senioren mit beginnenden Hirnleistungsstörungen (mild cognitive
impairment, MCI), ihre Angehörigen/Thera-
peuten

Auch als Broschürenreihe erhältlich!
Weitere Broschüren zum Eigentraining finden
Sie unter www.hippocampus.de

Neglektdyslexien

Modelle – Diagnostik – Therapie

Maria-Dorothea Heidler
148 Seiten, broschiert, Spiralbindung
zahlreiche Abbildungen und Tabellen
Hippocampus Verlag, Bad Honnef 2011,
ISBN 978-3-936817-69-0, € 39,90

Neglektdyslexien kommen im neurologisch-klinischen Alltag sehr häufig vor, werden bei Diagnostik und Therapie jedoch deutlich vernachlässigt. Für die Erfassung und Behandlung des unilateralen Neglekts stehen in der Neuropsychologie zahlreiche gut fundierte Möglichkeiten zur Verfügung – für die gesonderte Erfassung und Therapie von Neglektdyslexien existieren allerdings weder Screeningverfahren noch spezifische Therapiematerialien. Diese Lücke soll mit der hier vorgelegten Materialsammlung geschlossen werden – einerseits aufgrund der hohen Alltagsrelevanz des Lesens, andererseits, um auch Sprachtherapeuten an das Störungsbild der peripheren Dyslexien heranzuführen. Mit dem vorliegenden Material können sowohl Patienten mit links- als auch rechtsseitiger Neglektdyslexie untersucht und therapiert werden.

- für Logopäden, Ergotherapeuten, Neuropsychologen und Neurologen

Periphere Dysgraphien

Thomas Haid, Markus Kofler
ISBN 978-3-936817-30-0
56 Seiten, broschiert
zahlreiche Schriftbeispiele
Hippocampus Verlag
Bad Honnef 2008, € 29,90

Die Beurteilung handschriftlicher Proben neurologischer Patienten jenseits (schrift-) sprachsystematischer Defizite fristet klinisch ein Schattendasein. Als Beitrag zur Schließung dieser Lücke erarbeiten die Autoren auf Basis neurologischer Fallbeispiele potenziell eigenständig zu beobachtende handschriftliche Störungsphänomene sowie Untersuchungs- und Beschreibungsvorschläge für die klinische Diagnostik der peripheren Dysgraphien. Das vorliegende Buch richtet sich primär an Berufsgruppen, die diagnostisch und therapeutisch im Bereich der Neurorehabilitation tätig sind, wie Neuropsychologen, Neurologen, Ergotherapeuten und Logopäden.

- Traditionelle neurologische Einteilung der Dysgraphien, Zentrale Dysgraphien, Periphere Dysgraphien, Diagnostikleitfaden periphere Dysgraphien
- für Logopäden, Ergotherapeuten, Neuropsychologen und Neurologen